수험생 자녀 기도문

수험생 자녀 기도문

윤요셉 · 송미경 · 박혜민 · 박예원 지음

청우

수험생을 위한 기도문

초판 1쇄 인쇄　2018년 7월 20일
초판 1쇄 발행　2018년 7월 30일

지 은 이 _ 윤요셉 · 송미경 · 박혜민 · 박예원
펴 낸 이 _ 윤순식
펴 낸 곳 _ 도서출판 청우
주 문 처 _ 열린유통
등록번호 _ 제8-63호
주　　소 _ 경기도 고양시 일산구 장항동 573-28
연 락 처 _ t.031-906-0011 / f.0505-365-0011 / cwpub@hanmail.net

마 케 팅 _ 백건택
디 자 인 _ 서재형

이 책은 저작권법에 의해 보호를 받는 저작물이므로 무단저제 및 복제를 금합니다.
잘못 만들어진 책은 구입하신 서점에서 바꾸어 드립니다.

ISBN 978-89-94846-43-9　03230

_____ 님께 드립니다

목차

1. 영역별 수학능력을 위한 기도

총명함과 수학능력 수준을 높여주소서	14
뚜렷한 목표를 세우게 하소서	16
중간(기말)고사를 잘 준비하게 하소서	18
수시전형을 잘 준비하게 하소서	20
수시전형에 최선을 다하게 하소서	22
언어 영역을 잘 준비하게 하소서	24
수리 영역의 재능을 허락 하소서	26
외국어 영역 수준을 높여 주소서	28
사회탐구 영역의 재능을 높여주소서	30
과학탐구 영역의 재능을 높여주소서	32
예체능 영역의 재능을 높여주소서	34
논술과 면접시험을 잘 보게 하소서	36

2. 수학능력 시험 당일을 위한 기도

수학능력시험 예비소집일	40
지혜와 명철을 더하여 주소서	42
언어 영역의 점수를 높여 주소서	44
지혜를 허락하여 주소서	46
건강과 좋은 컨디션을 주소서	48
최상의 시험환경을 허락 하소서	50
자만하거나 실수하지 않게 하소서	52
정직하게 시험 보게 하소서	54
범사에 감사기도 드리게 하소서	56
좋은 결과를 허락하여 주소서	58
정직하고 성실하게 시험 보게 하소서	60

3. 공부의 방법과 집중력을 위한 기도

시간을 효과적으로 사용하게 하소서	64
학원생활을 성실하게 하소서	66
비전을 품게 하소서	68
인내심과 집중력을 주소서	70
시간 관리를 잘하게 하소서	72
암기력·이해력 집중력을 높여주소서	74
자율성을 키워 주소서	76
좋은 친구 관계를 맺게 하소서	78
좋은 선생님을 만나게 하소서	80
끈기와 집중력을 높여주소서	82
이해력과 응용력을 높여 주소서	84
게으름을 이기게 하소서	86
모든 수험생들이 준비되게 하소서	88

4. 마음의 평안과 희망을 위한 기도

절대로 포기하지 않게 하소서	92
부활의 소망으로 새롭게 하소서	94
참 평안과 안식을 주소서	96
축복합니다. 힘을 주소서	98
심지를 견고하게 하소서	100
희망을 갖고 노력하게 하소서	102
가족관계가 원만하게 하소서	104
평안과 감사가 넘치게 하소서	106
주안에서 자존감을 높여 주소서	108
따뜻함이 넘치는 가정되게 하소서	110
도약의 계기로 삼게 하소서	112
마음과 생각을 주장 하소서	114

목차

5. 영적성숙과 믿음을 위한 기도

십자가 은혜로 붙들어 주소서	118
믿음으로 하루를 열게 하소서	120
주님을 갈망하는 마음 주소서	122
십자가를 바라보게 하소서	124
하나님과 친밀하게 하소서	126
성령의 열매를 맺게 하소서	128
주일성수 하게 하소서	130
하나님 앞에 신실하게 하소서	132
성령의 은사를 부어 주소서	134
유혹과 욕심을 이기게 하소서	136
예배자로 바르게 세워주소서	138
겸손함의 지혜를 배우게 하소서	140
교우관계가 원만하게 하소서	142
사제관계가 원만하게 하소서	144

6. 자녀의 건강과 지혜를 위한 기도

좋은 만남을 허락 하소서	148
좋은 멘토를 만나게 하소서	150
뇌의 지능과 학습 능력을 높여 주소서	152
끝까지 붙잡아 주소서	154
힘들어도 이겨내게 하소서	156
최선을 다하게 하소서	158
하나님을 아는 지혜를 주소서	160
우울증을 이기게 하소서	162
외모 콤플렉스를 이기게 하소서	164
하나님을 더 깊이 알아가게 하소서	166
우울증과 불안감을 이기게 하소서	168
스트레스와 분노를 잘 다스리게 하소서	170
몸과 마음의 건강을 지켜주소서	172
내면의 아름다움을 키우게 하소서	174
건강과 새 힘을 주소서	176

7. 자녀의 꿈과 비전을 위한 기도

이성교제를 건강하게 하소서	180
건강한 이성교제를 허락 하소서	182
기쁨으로 열매 맺게 하소서	184
야곱처럼 쓰임 받게 하소서	186
순간순간 충실하게 하소서	188
유혹을 이기게 하소서	190
중독에서 벗어나게 하소서	192
은을 단련함 같이 하소서	194
꿈과 비전을 품게 하소서	196
선한 영향력을 본 받게 하소서	198
좋은 습관을 배우게 하소서	200
수학능력 시험을 앞두고 기도합니다	202
수학능력 시험을 마치고 기도합니다	204
수능시험 이후의 생활을 이끌어 주소서	206

/ 서문 /

하나님은 사람을 향한 계획을 이루어 가실 때 성도들의 기도를 통해 일하십니다. 하나님께서는 자기의 기쁘신 뜻을 위하여 각자에게 마음의 소원을 주셔서 하나님 뜻을 이루게 하십니다. 그러므로 하나님이 어떤 마음의 소원을 주시는지, 하나님의 계획은 무엇인지를 시시로 묻고 깨달아야 합니다. 수험생 자녀를 위한 기도는 더욱이 하나님의 뜻에 합당한 간구가 되어야 합니다.

첫째, 공부의 목적을 바로 세워야 합니다. 공부하는 목적을 바로 세우지 않으면 목표한 바를 달성하지 못했을 때 쉽게 무너질 수 있습니다. 하나님이 주신 비전을 점검하여 그에 합당한 목표를 세워 공부해야 합니다.

둘째, 주어진 상황에 감사해야 합니다. 재정적 어려움이나 가정의 환경 때문에 공부에 열중할 수 없는 열악한 여건일지라도 하나님의 은혜를 구하며 나아가야 합니다. 그리하면 하나님께서 필요를 따라 풍성하게 채워주실 것입니다.

셋째, 믿음의 확신을 가지고 기도해야 합니다. 기도에 응답하여 주실 하나님을 신뢰하며 기도할 때 하나님께서는 합력하여 선을 이루어 주실 것입니다.

　수험생 기간은 그 어느 때보다 기도가 많이 필요한 시기입니다. 특히 수험생을 사랑하는 마음으로 간절히 드리는 부모님과 성도들의 기도를 하나님은 기쁘게 받으십니다. 무엇보다 수험생 본인이 소망을 담아 기도할 때에 하나님은 더할 나위 없이 기뻐하시며 기도에 응답하실 것입니다.

　수험생에게 입시는 거대한 산과도 같습니다. 그것을 지켜보는 가족과 공부하는 본인에게 힘겨운 여정입니다. 그러나 이 기간을 최선을 다하고 지혜롭게 보낸다면 가장 복된 기간이 될 수 있습니다.

　『수험생 자녀 기도문』은 학부모와 중보자들이 자녀를 위하여 기도할 때 도움이 되도록 집필되었습니다. 이 땅의 그리스도인 수험생들이 하나님 안에서 뚜렷한 비전을 마음에 품고 성실하고 꾸준하게 기도하고 학업에 열중하여 승리하기를 소망합니다.

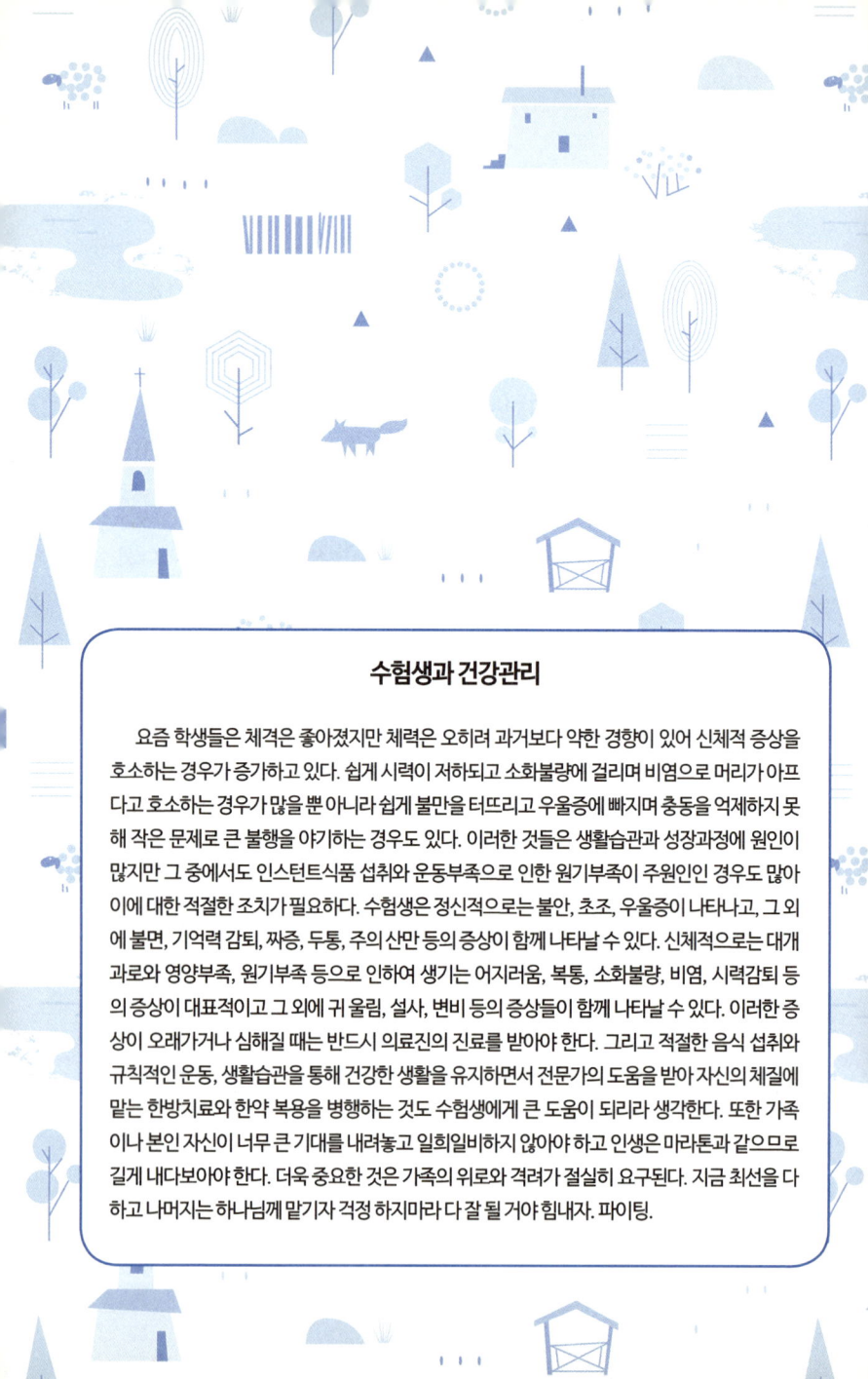

수험생과 건강관리

요즘 학생들은 체격은 좋아졌지만 체력은 오히려 과거보다 약한 경향이 있어 신체적 증상을 호소하는 경우가 증가하고 있다. 쉽게 시력이 저하되고 소화불량에 걸리며 비염으로 머리가 아프다고 호소하는 경우가 많을 뿐 아니라 쉽게 불만을 터뜨리고 우울증에 빠지며 충동을 억제하지 못해 작은 문제로 큰 불행을 야기하는 경우도 있다. 이러한 것들은 생활습관과 성장과정에 원인이 많지만 그 중에서도 인스턴트식품 섭취와 운동부족으로 인한 원기부족이 주원인인 경우도 많아 이에 대한 적절한 조치가 필요하다. 수험생은 정신적으로는 불안, 초조, 우울증이 나타나고, 그 외에 불면, 기억력 감퇴, 짜증, 두통, 주의 산만 등의 증상이 함께 나타날 수 있다. 신체적으로는 대개 과로와 영양부족, 원기부족 등으로 인하여 생기는 어지러움, 복통, 소화불량, 비염, 시력감퇴 등의 증상이 대표적이고 그 외에 귀 울림, 설사, 변비 등의 증상들이 함께 나타날 수 있다. 이러한 증상이 오래가거나 심해질 때는 반드시 의료진의 진료를 받아야 한다. 그리고 적절한 음식 섭취와 규칙적인 운동, 생활습관을 통해 건강한 생활을 유지하면서 전문가의 도움을 받아 자신의 체질에 맞는 한방치료와 한약 복용을 병행하는 것도 수험생에게 큰 도움이 되리라 생각한다. 또한 가족이나 본인 자신이 너무 큰 기대를 내려놓고 일희일비하지 않아야 하고 인생은 마라톤과 같으므로 길게 내다보아야 한다. 더욱 중요한 것은 가족의 위로와 격려가 절실히 요구된다. 지금 최선을 다하고 나머지는 하나님께 맡기자 걱정 하지마라 다 잘 될거야 힘내자. 파이팅.

1부

영역별 수학능력을
위한 기도

총명함과 수학능력
수준을 높여주소서

> 나의 조상들의 하나님이여 주께서 이제 내게 지혜와 능력을 주시고
> 우리가 주께 구한 것을 내게 알게 하셨사오니 내가 주께 감사하고
> 주를 찬양하나이다 곧 주께서 왕의 그 일을 내게 보이셨나이다
> **다니엘 2장 23절**

하나님 아버지! 놀라운 은혜와 사랑을 베풀어 주셔서 감사드립니다. 우리 ○○이가 대입 수학능력 시험을 앞두고 공부에 집중하게 하시고 강건하게 하심을 감사드립니다. 우리 ○○이가 체계적이고 능률적으로 공부할 수 있도록 총명함을 더하여 주시고 영역별로 지도하시는 좋은 선생님을 만나게 도와주시옵소서.

사랑의 주님! 최근 1-2년의 수학능력시험과 모의고사 출제경향을 완벽하게 파악하게 하시고 EBS 강의와 교제도 충분히 검토하게 도와주시옵소서. 언어 영역에서 문장의 구조와 내용을 정확하게 파악하고 이해하게 하셔서, 저자의 의도와 글의 주제를 파악하고 그 속에 감춰진 깊은 뜻을 찾아내도록 명철함을 허락하여 주옵소서.

사랑의 주님! 우리 ○○이가 추상적이고 상징적인 언어도 잘 이

해하고 해석하게 하시고 언어의 영역을 높은 수준으로 이끌어 주옵소서. ○○이가 자신의 생각을 말로써 잘 표현할 수 있도록 어휘력을 높여주시고 글쓰기를 통해서도 자기의 마음을 잘 드러내게 도와주옵소서.

사랑의 주님! 우리 ○○이가 수학의 개념과 원리를 잘 이해하게 하시고, 수학의 공식과 약속된 규칙을 잘 적용하므로 막연한 두려움보다 자신감을 가지고 수학공부에 임하게 하옵소서. 수학의 원리와 규칙을 배우고 깨우침으로 우주를 창조하신 하나님의 법칙과 질서를 배우며 공부하는 즐거움을 맛보게 하시고 논리력과 응용력을 키워나가게 도와주옵소서.

사랑의 주님! 우리 ○○이가 영어공부를 통해서 더 넓은 세계와 소통하게 하시고 폭넓은 지식과 더 큰 꿈을 펼칠 수 있음을 알게 하옵소서. 문장의 구조가 다르고 문화가 달라서 외국어를 배우기가 쉽지 않겠지만, 학습량을 늘리고 배우고 소통하는 즐거움을 더하여 주시고 자신만의 공부비법을 터득하게 도와주시옵소서. 문법을 잘 배우게 하시고 단어와 숙어를 확장시키고 풍부하게 하옵소서.

사랑의 주님! 국어와 수학 그리고 영어공부 어느 한 과목도 소홀히 할 수 없고 한국사와 사탐, 과탐, 또한 게을리 할 수 없습니다. 주님께서 힘과 능력과 지혜를 덧입혀주옵소서.

지혜의 근원되시는 예수님의 이름으로 기도드립니다. 아멘.

뚜렷한 목표를
세우게 하소서

이는 그가 모든 지혜와 총명을 우리에게 넘치게 하사 그
뜻의 비밀을 우리에게 알리신 것이요 그의 기뻐하심을 따라
그리스도 안에서 때가 찬 경륜을 위하여 예정하신 것이니
에베소서 1장 8-9절

어렵고 다급할 때 일수록 강하고 담대하라고 말씀하시는 하나님!

아버지께서 부어주시는 침착함과 담대함이 ○○이에게 필요하기에 지금 이 시간 기도드립니다. ○○이는 지금 △△고사를 앞두고 있습니다. 그동안 입시공부를 하느라 내신에 집중하지 못했기에 시험을 앞둔 마음이 초조하고 불안 하리라 생각합니다. 그러나 정도를 넘어서는 불안한 마음은 사탄이 주는 것임을 알기에 하나님의 평안을 간구합니다. ○○이가 비록 내신은 철저히 준비하지 못했지만 그 동안 열심히 노력하였사오니 미처 공부하지 못한 것도 생각나게 해주옵소서.

사랑의 주님 성령 하나님이 함께하셔서 지혜롭고 침착하게 문제를 풀 수 있도록 도와주시길 간곡히 원합니다. ○○이가 성급한 마음에 시험 문제를 대충 읽어서 문제의 요지를 잘 파악하지 못하는 실수를 범하지 않도록 도와주옵소서. 쉬운 문제를 접했을 때에도 자만하지 않고 차분히 문제를 풀어내게 도우시옵소서. 특별히 ○○이가 아는 문제를 틀리는 일이 없도록 주의하고 집중하여 시험에 임하도록 도와주옵소서. 또한 어려운 문제를 풀 때에도 당황하지 않고 하나님의 지혜를 구하며 오래전에 배운 것이라도 생각나게 도와주셔서 실마리를 찾게 하여주옵소서.

사랑의 주님 ○○이가 공부 할 때에 배워가는 즐거움으로 가득하게 하옵소서. 마지못해 억지로 하는 것이 아니라 자발적으로 공부하여 효율적으로 감당하게 하옵소서. ○○이가 공부해야 하는 목적이 뚜렷해져서 목표의식을 가지고 전진하게 해주시고 기도와 말씀으로 무장하여 시험시간 내내 침착하고 담대할 수 있기를 간절히 원하며 기도드립니다. 온전히 하나님의 도우심을 힘입어 시험을 치르게 해주시고 또한 시험 보는 시간 동안에 다른 생각이 틈타지 않도록 ○○이의 마음과 생각을 지켜주옵소서.

일마다 때마다 크신 능력 베푸시는 우리 주 예수 그리스도의 이름으로 기도드립니다. 아멘.

중간(기말)고사를
잘 준비하게 하소서

이로써 우리도 듣던 날부터 너희를 위하여 기도하기를
그치지 아니하고 구하노니 너희로 하여금 모든 신령한
지혜와 총명에 하나님의 뜻을 아는 것으로 채우게 하시고
골로새서 1장 9절

지혜와 명철의 근본이신 아버지 하나님!

○○이가 △△고사를 준비하며 공부를 하고 있습니다. 입시 과목을 공부하는 것만으로도 벅찰 텐데 여러 교과목들을 공부하고 시험을 치러야 합니다. 그동안 여유롭지 못한 일상에 쫓겨 △△고사 준비를 철저히 하지 못하였습니다. 고단해 하는 ○○이에게 새 힘을 부어 주옵소서. 비록 실력은 부족하오나 하나님께서 도와주신다면 좋은 성적을 거두게 될 줄 믿습니다.

△△고사는 대입에서 내신의 일정 비율을 반영하는 학교도 있기에 대충 볼 수 없는 시험입니다. ○○이가 배우고 공부했던 것들을 최대한 발휘할 수 있도록 도우시옵소서. 주요 과목이 아닌 과목에도 최선을 다하는 마음으로 공부하길 원합니다.

좋은 성적을 받는 것만이 목표가 되지 않도록 ○○이의 마음

을 지켜 주옵소서. 입시 때문에 마지못해 공부하지 않도록 ○○이가 공부하는 목적을 바로 세워 주시길 원합니다. 또한 공부와 시험을 주관하시는 이가 하나님이심을 깨달아 알게 하옵소서. 그리하여 공부하기 전과 시험을 치르기 전에 하나님의 도우심을 구하는 기도를 먼저 올려드리는 신실한 믿음의 자녀가 되게 하옵소서.

△△고사가 지금까지 배우고 공부한 것을 확인받고 되새기는 기회가 되게 하옵소서. 시험을 통해 자신의 실력을 정당히 평가받도록 도와주시길 간구합니다. 본인의 가장 취약한 부분과 탁월한 부분을 파악하여 입시를 준비하는 데에 힘이 되게 하옵소서. ○○이가 △△고사에 대한 부담감으로 마음에 무거운 짐을 지고 있습니다. 학생으로서 마땅히 감당해야 할 짐이지만 그것을 믿음으로 내려놓을 때 주님께서 대신 짊어져 주실 것을 믿습니다.

평안함과 확신을 가지고 주어진 시간과 상황에 최선을 다하는 ○○이가 되길 간절히 소망합니다.

○○이의 연약함을 체휼하시는 예수 그리스도의 이름으로 기도드립니다. 아멘.

수시전형을
잘 준비하게 하소서

마음을 살피시는 이가 성령의 생각을
아시나니 이는 성령이 하나님의 뜻대로
성도를 위하여 간구하심이니라
로마서 8장 27절

    기쁘신 뜻을 위하여 마음에 소원을 주시는 하나님!
    간절히 바라는 마음에 응답해 주시는 하나님께 감사함으로 간구합니다. ○○이가 하나님의 계획에 순종하는 마음으로 최선을 다하여 수시모집 △△△전형을 준비하고 있습니다. 흡족한 실력은 아니지만 오히려 부족한 부분을 채워주실 은혜를 기대하며 도전하게 하시고 주님의 뜻 안에서 아름다운 열매를 맺게 하옵소서.
    높은 경쟁률에 주눅 들지 않도록 ○○이의 마음을 다잡아 주시기 원합니다. 실패하게 될까봐 미리부터 걱정하는 마음을 이겨내게 해주시고 미래에 대해 걱정하지 않고 지금 주어진 과정과 상황에 최선을 다하게 해주옵소서. 넉넉히 이기게 하실 승리의 하나님을 묵상하며 나아가게 하옵소서.

뿌린 것을 거두게 하시고 합당한 보상을 내리시며 합력하여 선을 이루시는 주님이신 줄을 믿습니다.

○○이는 그동안 수시를 준비하느라 입시공부는 따로 하지 못했습니다. 이번에 합격하지 못하여 정시모집에 응시하게 되더라도 절대로 낙망하지 않도록 ○○이를 붙잡아 주옵소서.

○○이가 끝까지 포기하지 않고 남은 공부에 주력할 수 있기를 소망합니다. 대입에 빨리 통과하는 것보다 하나님 뜻에 순종하는 것이 더 중요하다는 것을 이번 기회를 통하여 깊이 깨닫게 하옵소서.

○○이가 두렵고 떨릴지라도 시선을 하나님께 고정하여 크고 놀라운 능력을 체험하게 해주시옵소서. ○○이와 함께 수시모집에 응시하는 친구들에게도 용기를 주셔서 최선을 다해 시험에 응하도록 도와주옵소서.

가장 적합하고 선한 것을 허락해 주실 것을 믿으며 예수 그리스도의 이름으로 기도드립니다. 아멘.

수시전형에 최선을
다하게 하소서

> 우리가 알거니와 하나님을 사랑하는 자 곧
> 그의 뜻대로 부르심을 입은 자들에게는
> 모든 것이 합력하여 선을 이루느니라
> **로마서 8장 28절**

마음에 소원을 주시고 응답하시는 하나님!

간절히 바라는 마음에 응답을 기다리며 기도하게 하시니 감사합니다. ○○이를 향한 하나님의 계획에 순종하는 마음으로 수시모집 △△△전형을 준비하였습니다. 흡족한 실력은 아니지만 오히려 부족한 부분을 채워주실 은혜를 기대하며 도전합니다. 주님의 뜻대로 인도 하시고 일을 행하여 주시길 기도드립니다.

높은 경쟁률에 주눅 들지 않도록 ○○이의 마음을 다스려 주옵소서. 실패하게 될까봐 미리부터 걱정하는 마음을 이겨내게 해주세요. 아직 닥치지 않은 미래에 대해 앞서 걱정하지 않고 지금 주어진 과정과 상황에 최선을 다하게 해주세요. 넉넉히 이기게 하실 승리의 하나님을 묵상하며 나아갑니다.

우리 하나님은 눈물로 씨를 뿌린 자에게 거두게 하시고 합당한 보상을 내리시는 주님이신 줄 믿습니다.

그동안 수시를 준비하느라 입시공부는 따로 하지 못했습니다. 이번에 합격하지 못하여 정시모집에 응시하게 되더라도 낙망하지 않도록 ○○이를 붙잡아 주옵소서.

○○이가 끝까지 포기하지 않고 남은 공부에 주력할 수 있기를 소망합니다. 대입에 빨리 통과하는 것보다 하나님 뜻에 순종하는 것이 더 중요함을 ○○이가 알게 하시고 범사에 감사로 영광을 돌리게 하옵소서.

솔직한 심정은 막막하고 두렵고 떨릴지라도 ○○이의 시선을 하나님께 고정하여 크고 놀라운 은혜와 능력을 체험하게 하옵소서. ○○이와 함께 수시모집에 응시하는 친구들에게도 용기를 주셔서 최선을 다해 시험에 응하도록 도와주옵소서.

가장 적합하고 선한 것을 허락해 주실 것을 믿으며 예수 그리스도의 이름으로 기도드립니다. 아멘.

언어 영역을
잘 준비하게 하소서

> 입술의 열매를 창조하는 자 여호와가 말하노라 먼 데 있는
> 자에게든지 가까운 데 있는 자에게든지 평강이 있을지어다
> 평강이 있을지어다 내가 그를 고치리라 하셨느니라
> **이사야 57장 19절**

언어의 창조자이신 하나님 아버지!

○○이가 공부하는 언어 영역에 기름 부어 주시옵소서. ○○이에게 모국어와 우리 문학을 사랑하는 마음을 갖게 하사 좋은 책들을 스스로 찾아 읽게 하시고 언어 영역에 필요한 감각을 자연스럽게 익히게 하옵소서. 그리하여 ○○이의 삶과 인생 전체에 영향을 미칠 좋은 작품들을 이 시기에 많이 접할 수 있도록 인도하여 주옵소서.

먼저 문학에 대한 관심에서부터 ○○이의 공부가 출발되길 소망합니다. 시험에 대비해야 하는 필요에 의해서만 단순히 지식을 습득하는 것이 아니라 즐기며 공부할 수 있도록 도와주옵소서. 이제 수험생이 되고 보니 좀 더 구체적인 지식이 필요합니다.

언어 영역 시험에 필요한 논리력, 이해력, 핵심문장을 찾은 능력, 문장배열 능력 등이 더욱 강화되길 소망합니다.

한자어와 고사성어, 고전문학과 시가, 문법과 맞춤법 등을 성실하게 공부할 때에 암기력과 이해력을 더 하여 주시고. 실용적인 비문학을 공부할 때는 논리적인 구조를 잘 파악할 수 있도록 사고력과 이해력을 더하여 주시옵소서.

문학부분을 공부할 때에는 미적인 구성과 상징들을 자연스럽게 이해하고 느낄 수 있는 감성을 더 하여 주옵소서.

○○이가 자신의 삶과 관계에 사랑을 기초로 하여 깊은 지적 호기심을 가질 수 있도록 도와주옵소서. 인문, 사회, 과학, 예술, 과학, 철학, 예술 등에 폭 넓은 관심을 가지고 입시공부로서의 언어 영역이 아닌 소통과 이해에 대한 열망으로 공부할 수 있도록 도와주옵소서. 모든 학문의 기초가 되는 언어와 문학 실력이 ○○이에게 탄탄하게 배양되게 하옵소서.

예수 그리스도의 이름으로 기도드립니다. 아멘.

수리 영역의 재능을
허락 하소서

> 지혜 있는 자는 강하고 지식 있는 자는
> 힘을 더하나니 너는 전략으로 싸우라
> 승리는 지략이 많음에 있느니라
> **잠언 24장 5-6절**

    사랑과 자비가 풍성하셔서 우리와 늘 함께 하시는 하나님 아버지 감사합니다. 오늘도 ○○이가 학업에 대한 열정과 인내를 마음에 품을 수 있도록 도와주옵소서. ○○이가 공부하는 수리 영역을 위해 기도합니다. 수리 영역 공부를 통하여 뇌가 활성화되고 더욱 논리적인 사고를 하는데 도움이 될 수 있길 소망합니다.

    수학을 두려워하지 않고 즐길 수 있도록 도와주옵소서. 주님이 ○○이를 포기하지 않으시는 것처럼 ○○이가 수리 영역을 포기하지 않도록 붙잡아 주옵소서. 점수가 잘 오르지 않아도 낙망하지 않고 끈기를 가지고 노력하게 하옵소서.

    먼저 기본이 되는 수학공식의 암기를 물 샐 틈 없이 할 수 있도록 도와주시길 원합니다. 문제를 많이 푸는 훈련을 하여 효율적인 공부습관을 습득하게 하옵소서. 수학문제를 잘 풀기 위해서는 논리력과 이해력과 사고력이 필요합니다.

그러므로 ○○이가 무엇보다 인내심을 가지고 한 문제 한 문제를 차근차근 풀어나갈 수 있는 성실함을 허락해 주옵소서. 어렵다고 쉽게 포기하지 않고 끝까지 문제를 해결하려고 노력하는 태도를 수학을 통해 익히며 그 속에서 스스로 답을 찾아가게 하옵소서.

사랑의 주님! ○○이가 스스로 부족한 점을 발견하고 대비할 수 있기를 소망합니다. 또한 수학공부가 입시공부만이 아니라 다음 공부의 연장이며 논리적 사고의 기반이 되는 것을 기억하여 즐거운 마음으로 공부할 수 있도록 도와주옵소서.

우리 ○○이가 입시공부에 치여 영육이 메마르는 일 없게 하옵소서. 자신에게 주어진 비전을 향해 가는 길의 소중함을 알게 하사 수학공부의 중요함을 제대로 인식하고 자발적 즐거움으로 공부할 수 있도록 도와주옵소서.

예수 그리스도의 이름으로 기도드립니다. 아멘.

외국어 영역 수준을 높여 주소서

네가 강포한 백성을 보지 아니하리라 그 백성은
방언이 어려워 네가 알아듣지 못하며 말이
이상하여 네가 깨닫지 못하는 자니라
이사야 33장 19절

인간의 소통을 주관하시고 다스리시는 하나님!

우리 조상들의 교만으로 바벨탑 사건이 있은 후 세계는 언어가 혼잡해졌고 서로의 말을 알아들을 수 없게 되었습니다. 그러나 하나님께서 외국어에 능통한 자들을 보내주셔서 통역과 번역을 통해 소통의 길을 열어주셨습니다.

외국어 영역을 공부하고 시험을 준비하는 우리 ○○이가 하나님께 더욱 겸손하길 원합니다. 또한 세계적으로 쓰임 받을 준비를 하는 성실한 자세로 공부와 시험에 임하길 소망합니다. ○○이에게 보다 넓은 세상을 향한 비전을 심어주셔서 세계 각 나라를 가슴에 품고 기도하는 ○○이가 되게 하옵소서.

하나님 아버지! 입시를 준비하는 ○○이가 외국어 영역을 공부하는 데 많은 어려움을 겪고 있습니다. 먼저 어휘와 어법과 구문을 공부할 때 암기력과 이해력을 더해주셔서 성실하게 기초를 쌓게 하옵소서. 독해를 할 때에는 주어진 지문을 읽고 내용을 신속하고 정확하게 파악하도록 순발력과 언어적 재능을 더하여 주옵소서. 듣기 실력 또한 향상시켜 주셔서 단어 하나 놓치지 않고 들을 수 있도록 귀를 열어주시길 원합니다.

○○이는 영어공부를 오래 전부터 해왔지만 성과가 그만큼 빨리 나타나지 않던 과목이었습니다. 시험을 볼 때 그동안 공부했던 것들이 잘 기억나게 하시고 독해할 때에 지혜를 더하여 주셔서 우리말을 대하듯 편안하게 해석할 수 있도록 도와주옵소서. 무엇보다 실수하지 않게 하셔서 아는 문제를 틀리는 일이 없게 하옵소서.

한 번도 접하지 않은 문제 유형을 만났을 때에는 유연한 이해력과 응용력을 더하여 주셔서 그동안의 수고와 기도가 헛되지 않게 하시고 지금까지의 점수를 뛰어넘는 좋은 성적을 얻을 수 있게 하옵소서.

예수 그리스도의 이름으로 기도드립니다. 아멘.

사회탐구 영역의 재능을 높여주소서

> 너는 진리의 말씀을 옳게 분별하며 부끄러울 것이 없는 일꾼으로 인정된 자로 자신을 하나님 앞에 드리기를 힘쓰라
> **디모데후서 2장 15절**

하나님 아버지, 우리 ○○이가 이렇게 장성하여 입시를 앞두게 해주심을 감사드립니다. 이제 ○○이도 이 사회와 시대에 하나님 앞에 귀하게 쓰임 받는 일꾼이 될 수 있기를 간절히 소망하며 ○○이가 공부하는 사회탐구 영역을 위해 기도합니다. 사회탐구 영역은 이해해야 할 것도 외워야 할 것도 많습니다. 국사와 근현대사와 세계사는 물론이고 법과 윤리, 사회문화, 정치, 경제, 세계 지리, 한국 지리를 이해해야 하며 또 이해한 것을 암기해야 합니다.

사랑의 주님!

○○이가 사회탐구 영역을 공부할 때에 더욱 집중력과 이해력과 암기력을 발휘할 수 있도록 도와주옵소서.

○○이가 성실하고 겸손한 자세로 사회탐구 영역의 공부를

감당할 수 있도록 인내력을 주옵소서. 그리하여 습득한 기본개념을 통해 암기하고 문제를 풀며 즐겁게 공부할 수 있도록 도와주시길 원합니다.

사회탐구 영역 공부가 책 위에서만 펼쳐지는 것으로 그치지 않게 하시고 공부한 내용을 통해 ○○이가 몸담고 있는 사회를 이해할 수 있도록 도와주옵소서. 한참 세계관이 형성되는 중요한 시기에 접하는 과목들이오니 올바른 세계관과 비전을 정립할 수 있도록 인도하시고 도와주옵소서.

입시를 위한 공부가 건전한 인격형성과 연결되며 하나님의 나라와 의를 위한 것은 물론이고 국가와 민족을 위해서도 쓰임 받을 수 있도록 ○○이에게 충만한 은혜를 부어주옵소서.

이제 어릴 때부터 공부하고 단련한 것들이 좋은 결과로 드러나길 소망합니다. 알지 못했던 문제가 나오더라도 잘 응용하고 적용해서 지혜롭게 해결할 수 있도록 탁월한 능력과 지혜를 더하여 주옵소서.

예수 그리스도의 이름으로 기도드립니다. 아멘.

과학탐구 영역의
재능을 높여주소서

너는 별자리들을 각각 제 때에 이끌어 낼 수 있으며 북두성을 다른
별들에게로 이끌어 갈 수 있겠느냐 네가 하늘의 궤도를 아느냐
하늘로 하여금 그 법칙을 땅에 베풀게 하겠느냐
욥기 38장 32-33절

천하 만물을 창조하시고 돌보시는 하나님!

하나님의 창조 섭리를 찬양하며 감사드립니다. 주님께서 지으신 만물을 통해 우리 인간을 얼마나 섬세하게 사랑하시는지 깨닫습니다.

이 시간 ○○이의 과학탐구 영역 공부를 위해 중보 드립니다. 지혜의 근본이 되시며 만물의 근원이 되시는 하나님 아버지! ○○이의 과학탐구 영역 공부에 특별한 은총을 베풀어 주옵소서.

○○이가 과학탐구 영역을 공부할 때 기본 원리를 익히는 과정에서 재미를 느낄 수 있도록 도와주시길 원합니다. 과학탐구에는 물리, 화학, 생물, 지구과학 등의 세부영역이 있습니다. 물리를 공부할 때는 물리학 단어들의 정의를 정확히 암기하고 공식을 잘 활용할 수 있게 하옵소서.

화학을 공부할 때는 암기와 이해가 조화를 이루게 하시고, 생물을 공부할 때는 꼭 필요한 과목들을 잘 암기할 수 있는 지혜를 주옵소서. 또한 지구과학을 공부할 때는 공간 지각력과 더불어 통찰력과 암기력을 고르게 더하여 주옵소서.

이토록 이해해야할 것도 많고 암기할 것도 많은 과학탐구 영역입니다. 공식도 많고 용어도 많고 추상적 개념들을 이해하고 적용해야 하기에 공부에 재미가 느껴지지 않을 수도 있사오니 지혜와 명철로 붙잡아 주옵소서.

ㅇㅇ이가 과학탐구 영역을 공부할 때에 하나님의 창조섭리에 감탄하며 그 신비를 배워가게 하셔서 지치지 않고 기쁘고 감사하는 마음으로 공부할 수 있도록 ㅇㅇ이의 마음과 생각을 다스려 주시길 간구 드립니다.

이러한 과정을 통해 천지를 창조하시고 인간을 만드신 하나님의 목적을 깊이 깨닫고 느끼게 하옵소서. 그리하여 ㅇㅇ이가 하나님 앞에 성실하고 겸손한 일꾼으로 쓰임 받는 일꾼 되기를 간절히 소망합니다.

예수 그리스도의 이름으로 기도드립니다. 아멘.

예체능 영역의
재능을 높여주소서

> 보라 어둠이 땅을 덮을 것이며 캄캄함이 만민을
> 가리려니와 오직 여호와께서 네 위에 임하실 것이며
> 그의 영광이 네 위에 나타나리니 나라들은 네 빛으로,
> 왕들은 비치는 네 광명으로 나아오리라
> **이사야 60장 2-3절**

    주님의 지으신 해와 별과 달들이 어찌 그리 아름다운지요. 우리 하나님은 가장 창조적이고 멋진 예술가이십니다. 우리 ○○이에게 다른 이들과는 구별된 달란트를 주셔서 예체능의 길에 들어서게 해주신 것을 감사드립니다. ○○이는 학업과 함께 예체능 실기시험도 준비해야합니다. ○○이가 학업과 예체능 실기 점수 모두 최선을 다해서 좋은 결과를 얻을 수 있도록 친히 그 길을 인도하옵소서.

    실기점수와 필기점수 모두 치우치지 않고 고른 점수를 얻을 수 있도록 도와주옵소서. 실기 준비를 하는 과정에서 좋은 선생님과 친구들을 만나서 ○○이가 가진 재능을 더욱 잘 발휘할 수 있도록 도와주옵소서.

하나님 아버지!

실기 시험은 여러 가지 변수가 있습니다. ○○이에게 주어질 시험의 주제를 우리는 알지 못합니다. 어떤 주제가 주어지든지 당황하지 않고 능숙하게 해낼 수 있게 하옵소서. 예상치 못한 상황과 만나더라도 그때에 필요한 순발력과 능력을 부어주셔서 지혜롭게 표현할 수 있도록 도와주옵소서. 그러기 위해서 ○○이가 실기시험에 필요한 기본기를 탄탄히 세워가길 소망합니다.

아무리 공을 들여 준비하였어도 그날에 하나님께서 도와주지 아니하시면 아무 소용없는 줄 압니다. ○○이가 자신의 실력만 믿고 자만하여 실패하는 일이 없게 하옵소서.

하나님을 믿고 의뢰하여 승리와 합격의 기쁨을 맛보게 되길 소망합니다. 실기시험 당일에 실수하지 않게 하시고 평소 ○○이가 연습하고 단련한 기량을 모두 펼칠 수 있는 후회 없는 시험이 되게 하옵소서. ○○이에게 순발력을 주시고 창의력을 주셔서 주어진 재능을 잘 발휘 할 수 있도록 인도하시고 다스려 주옵소서.

예수 그리스도의 이름으로 기도드립니다. 아멘.

논술과 면접시험을 잘 보게 하소서

내 마음이 좋은 말로 왕을 위하여 지은 것을 말하리니
내 혀는 글솜씨가 뛰어난 서기관의 붓끝과 같도다
왕은 사람들보다 아름다워 은혜를 입술에 머금으니
그러므로 하나님이 왕에게 영원히 복을 주시도다
시편 45편 1-2절

말씀으로 세상을 창조하신 하나님 아버지!

○○이에게 언어를 다루는 탁월한 능력을 허락하여 주옵소서. ○○이가 논술과 면접시험을 철저히 대비하여 수험생으로서 유종의 미를 거두게 하여주시길 간절히 간구 드립니다. 입시의 마지막 관문이라고 할 수 있는 논술과 면접시험은 합격의 당락을 가름할 만큼 매우 중요합니다. ○○이가 논술·면접시험을 준비하기 전에 먼저 성경말씀을 사모하여 주야로 묵상하는 자가 되게 하옵소서. 성경에는 하나님의 진리와 생명의 근원이 되는 언어가 가득하오니 ○○이가 성경 말씀을 통해 논리력과 사고력을 충분히 쌓아가게 하옵소서.

세상의 좋은 책들을 통해서도 감수성과 논리력과 창의성을 키워 나갈 수 있도록 인도해주옵소서. 신문과 시사프로그램을 접하여 학문적 지식 외에 일반상식과 사회 문제에도 폭넓은 정보를 습득하게 하옵소서. 또한 ○○이에게 사회적 구조와 현실의 문제를 해석하고 평가할 수 있는 안목을 키워주시길 원합니다. 무엇보다 이 세계를 바라보는 관점이 하나님을 믿는 신앙인답게 하옵소서.

논술문을 쓸 때에 긍정적이고 창의적인 생각이 드러난 돋보이는 문장을 서술하게 하옵소서. 면접을 볼 때에는 말을 더듬지 않고 자신의 생각을 면접관에게 또박또박 전달할 수 있도록 입술을 주장하여 주옵소서.

논술시험 준비를 통해 ○○이의 문학성이 증대되게 하시어 글로써 늘 자신을 반성하고 통찰하며 삶을 뒤돌아보는 사려 깊은 사람으로 성장하게 하옵소서. 면접시험 준비를 통해서는 언변과 화술에 통달하여 그 능력을 하나님의 일을 위해 사용하며 선한 영향력을 끼치는 사람으로 살게 하옵소서. 하나님께 영광 돌리는 자로 쓰임 받게 하실 주님께 감사 찬양 올려드립니다.

예수 그리스도의 이름으로 기도드립니다. 아멘.

수험생과 영양관리

수험생은 건강관리를 위해 영양소가 풍부한 음식을 적당히 섭취해 주는 것이 좋다. 두뇌에 좋은 음식으로는 견과류, 검은콩, 미역, 시금치, 멸치, 연어와 등푸른 생선, 양파, 유자, 굴, 우유, 등이 있으며, 호두와 땅콩등 견과류에는 마그네슘과 철분이 풍부해 기억력 향상에 도움을 준다. 검은콩은 노폐물 배출에 도움을 주어 피로를 풀어주고 미역등 해조류는 피를 맑게 하고 신진대사를 좋게 하는 효능이 있다. 시금치의 플라보노이드 성분은 기억력 개선과 뇌의 노화를 막아주고 심장마비 예방의 기능이 있다. 또한 DHA가 풍부한 연어와 등푸른 생선과 멸치는 두뇌활동에 좋은 음식이며 양파는 유화아릴 성분이 심신을 안정시켜주고 유자는 레몬보다 비타민C가 3배 이상 함유되어 수험생의 피로를 풀어주며 모세혈관을 강화시켜 준다. 굴은 아미노산과 비타민B 핵산이 풍부하여 기억력향상에 큰 도움이 되고, 우유를 따뜻하게 데워 먹는 것도 도움이 된다고 한다.

수험생 스태미너 강화식품으로는 한우고기의 콜린 성분이 뇌의 기억세포 생산을 돕고 계란에 풍부한 오메가 3는 기억의 저장과 회생에 도움을 주고 오리고기는 시력을 떨어뜨리지 않는 성분이 함유되어 있다. 하지만 모든 음식은 적당량을 섭취할 때는 도움이 되지만 과식은 오히려 해가 될 수 있음을 알아야 한다.

차는 기를 잘 통하게 해주고 긴장을 풀어주는 데 매우 효과적이다. 국화차와 칡차는 두통과 감기 예방에 좋으며, 대추차와 라벤더 차는 심신 안정과 숙면에 좋다. 또한 결명자 차는 시력에 좋고 변비 개선에 도움을 준다.

2부

수학능력시험
당일을 위한 기도

수학능력시험 예비소집일

> 그리스도의 말씀이 너희 속에 풍성히 거하여 모든 지혜로 피차 가르치며 권면하고 시와 찬송과 신령한 노래를 부르며 감사하는 마음으로 하나님을 찬양하고 또 무엇을 하든지 말에나 일에나 다 주 예수의 이름으로 하고 그를 힘입어 하나님 아버지께 감사하라
> **골로새서 3장 16-17절**

사랑의 주님! 감사합니다. 우리 ○○이가 지금까지 힘든 과정을 이겨내고 달려올 수 있도록 힘주시고 사랑으로 붙잡아주시니 감사합니다. 힘들고 지칠 때 포기하고 싶은 유혹에도 굴하지 않게 하시고 공부에 매진하게 하시니 감사합니다.

사랑의 주님! 내일은 예비소집일입니다. 우리 ○○이가 수능시험을 치를 장소에 직접 가보고 그 곳의 환경과 교실의 위치도 직접 파악하는 중요한 날입니다. 시험을 볼 책상에 앉아보고 당일의 일정을 생각하며 마음을 정리할 수 있도록 도와주옵소서. 집에서부터 그 곳 학교까지 소요되는 시간을 잘 파악하게 하시고 이동할 수단을 결정하게 하옵소서.

수능시험일에 ○○이가 예기치 못한 돌발 상황에도 대처할 수 있도록 항상 넉넉한 시간 계획을 세우게 하옵소서. 조금은

긴장 되겠지만 많이 떨지 않게 하시고 지금까지 준비한 대로 차분하게 시험에 임하게 하옵소서. 우리를 위한 날이 하루도 되기 전에 주의 책에 다 기록하신 주님, 우리 ○○ 이를 붙들어 주님의 선한 길로 인도하여 주시고 쓰임 받기에 부족함이 없도록 노력하고 준비하게 하옵소서.

사랑의 주님! 수능을 준비하며 마음의 무거운 짐이 어깨를 누르고 때로는 앞이 보이지 않는 컴컴한 길을 혼자 걷는 것 같은 외로움도 우리 ○○ 이가 모두 이겨내게 하시니 진정 감사드립니다. 시험당일에는 여호수아와 같이 강하고 담대함을 허락하여 주시고 솔로몬과 같이 지혜와 명철을 허락하여 주옵소서.

사랑의 주님! 그 동안에 우리 ○○ 이가 땀 흘리고 노력하며 밤잠을 설치며 수고한 그 열매를 풍성히 거둘 수 있도록 도와주옵소서. 수능일에 필요한 수험표와 수험도구를 빠트리지 않도록 철저히 준비하게 하시고 보온에도 만전을 기하게 하옵소서. 지금까지 공부한 것을 잘 기억나게 도와주시고 편안한 마음으로 정리하게 하옵소서.

예수님의 이름으로 간절히 기도드립니다. 아멘.

지혜와 명철을
더하여 주소서

내가 내 마음 속으로 말하여 이르기를 보라 내가 크게 되고 지혜를 더 많이
얻었으므로 나보다 먼저 예루살렘에 있던 모든 사람들보다 낫다 하였나니 내
마음이 지혜와 지식을 많이 만나 보았음이로다
전도서 1장 16절

사랑의 주님! 오늘 우리 ○○ 이가 수학능력 시험을 봅니다. 지금까지 혼신을 다하여 노력하고 공부했던 지식들이 잘 생각나게 도와주옵소서. 알고 있는 문제를 실수하지 않도록 마음의 안정을 허락하여 주시고 혹시 모르는 문제가 나오더라도 당황하지 않도록 붙잡아 주옵소서. 무엇보다 주어진 시간을 잘 배분하게 하셔서 아는 문제를 먼저 풀어가는 지혜를 허락하여 주시고 시간에 쫓기지 않도록 도와주옵소서. 모르는 문제는 질문과 문항을 잘 유추하여 상상력과 논리력을 최대한 발휘하여 정답을 찾아내게 도와주옵소서.

사랑의 주님! 우리 ○○ 이가 시험지를 받아들면 오히려 긴장이 사라지게 하시고 떨지 않고 실력을 최대한 발휘하도록 도와주옵소서. 주님의 도우심으로 지난밤 편히 자게 하시고 식사도 잘하게 하심을 감사드립니다. 부모와 가족들 그리고 선생님과 친구들이 응원하고 기도하고 있음도 알게 하셔서 큰 힘이 되게 하옵소서.

사랑의 주님! 우리 ○○이가 막히는 문제를 만나 생각하고 생각하여도 떠오르지 않을 때 주님께 기도함으로 지혜와 명철을 힘입어 정답을 잘 찾아내게 하옵소서. 어려운 문제를 만나 포기하고 싶을 때에는 여유를 가지고 다른 문제를 풀고 나서 또 다시 같은 문제를 대할 때 생각나지 않던 기억들이 되살아나게 하셔서 문제를 풀어냄으로 하나님의 도우심을 분명히 알게 하옵소서.

사랑의 주님! 우리 ○○이가 모르는 문제에 매달려 시간을 낭비하므로 아는 문제까지 놓치는 어리석을 범하지 않게 하옵소서. 틀림없이 좋은 결과를 얻을 것을 믿음으로 바라며 자신 있게 시험에 임하게 하옵소서. 문제가 너무 쉽다고 방심하거나 소홀하여 그릇되지 않도록 정신을 바짝 차리고 차근차근 풀어가게 하옵소서.

우리 ○○이가 마음을 넓게 가지고 평안함과 확신을 가지고 주어진 시간을 잘 풀어가도록 도와주시고 힘과 지혜와 능력을 허락하여 주옵소서. 사랑의 주님! 문제지와 답안지를 어긋나지 않게 잘 작성하게 하시고 수험번호와 이름을 작성하여 확인 후 제출하게 하옵소서. 혹시라도 틀린 문제가 있더라도 빨리 잊어버리고 얽매이지 않게 하시고 다음 문제와 다음시간에 집중하게 하옵소서. 끝까지 최선을 다하며 모든 영광을 주님께 돌리게 하옵소서.

예수님의 이름으로 감사하며 기도드립니다. 아멘.

언어 영역의
점수를 높여 주소서

> 곧 흠이 없고 용모가 아름다우며 모든 지혜를
> 통찰하며 지식에 통달하며 학문에 익숙하여 왕궁에
> 설 만한 소년을 데려오게 하였고 그들에게 갈대아
> 사람의 학문과 언어를 가르치게 하였고
> **다니엘 1장 4절**

 우리 인생의 주관자이신 하나님 아버지를 의지하며 찬양 드립니다. 지난 ○○ 개월 동안 수능을 앞두고 사랑하는 ○○ 이를 붙잡아 주시고 건강과 지혜를 주심을 감사드립니다.
 모든 것이 주님의 은총과 섭리 가운데 순간순간을 달려올 수 있었기에 더욱 감사를 드립니다.
 지금까지의 힘쓰고 애쓴 모든 수고가 오늘 수능 시험의 결과로 대학 입시가 결정 됩니다.

 사랑의 주님!
 은혜를 베푸사 ○○ 이에게 지혜와 지식과 총명을 주시옵소서. 주님의 능력 안에서 첫 시간을 잘 열어가게 하시고 끝까지 잘 마무리 하도록 붙잡아 주시옵소서.

두렵고 떨리는 마음을 다잡아 주시고 아는 문제도 성급하게 풀지 않게 하시며 모르는 문제라도 침착함을 잃지 않도록 도와주셔서 놓치는 문제가 하나도 없게 하옵소서.

지혜의 주님!
○○이가 단어와 행간을 잘 살피게 하시고 문장의 의미를 잘 파악하게 하셔서 출제자가 의도하는 핵심이 보이게 하여 주시옵소서. 혹시라도 난해한 문제에 집착하여 시간을 헛되이 낭비하지 않게 하시고 정해진 시간을 잘 분배할 수 있도록 지혜를 주시옵소서.

은혜의 주님!
기록된 말씀대로 바울은 심었고 아볼로는 물을 주었으되 자라나게 하시는 이는 주님이시오니 우리 ○○이가 수고하고 애쓴 결과가 아름답고 풍성한 열매로 거두게 하옵소서.
예수님의 이름으로 기도드립니다. 아멘.

지혜를 허락하여 주소서

> 지혜를 얻는 것이 금을 얻는 것보다 얼마나 나은고
> 명철을 얻는 것이 은을 얻는 것보다 더욱 나으니라
> 악을 떠나는 것은 정직한 사람의 대로이니 자기의 길을
> 지키는 자는 자기의 영혼을 보전하느니라
> 잠언 16장 16-17절

지혜와 명철이 한이 없으신 하나님 아버지!

사랑하는 ○○이가 오늘 수능 시험을 봅니다. 아침부터 저녁까지 주님의 능력의 손으로 붙드시고 조금도 피곤치 않도록 새 힘을 더하여 주시옵소서. 지금까지 갈고 닦은 실력을 유감없이 발휘하도록 지혜와 명철을 주시고 능력의 손으로 안수하여 주시옵소서.

주님, 알고 있는 문제라고 덤벙거리다 실수하지 않게 하시고 침착하게 풀어 나가도록 도와주시옵소서. 주여, 시간을 잘 배분하게 하시고 출제자의 의도를 잘 파악하여 정답을 잘 찾아내도록 도와주시옵소서. 지금까지 깊은 잠을 못자고 수능을 준비해 왔사오니 그 수고가 헛되지 않도록 은총을 베풀어 주시옵소서.

주여, 너무 긴장하지 않게 하시고 자신감을 가지고 시간 시간을 잘 대처할 수 있도록 도와주시옵소서. 주여, 땀과 열정으로 노력하였사오니 심은 대로 풍성한 열매를 거두게 하여 주시옵소서.

성령님, 지금까지 공부한 모든 것을 잘 생각나게 하셔서 가슴 치며 후회함이 없도록 도와주시고 범사에 감사하며 주님을 인정하는 ㅇㅇ 이가 되도록 은혜를 베풀어 주시옵소서. 앞으로도 인생길에 많은 시험과 어려움이 닥칠지라도 믿음의 주요 온전케 하시는 주님만을 바라보게 하시고 준비된 자에게 주시는 주님의 은총을 누리는 복된 인생이 되게 하옵소서.

주님, 이 시간 ㅇㅇ 이에게 필요한 것은 오직 주님이 주시는 평강과 지혜이오니, 임재하시고 주님의 넉넉한 은혜를 베풀어 주시옵소서. 능력의 손으로 안수하여 주시옵소서. 모든 것을 주님께 맡깁니다.
예수 그리스도 이름으로 기도드립니다. 아멘.

건강과 좋은
컨디션을 주소서

> 이르되 큰 은총을 받은 사람이여 두려워하지 말라
> 평안하라 강건하라 강건하라 그가 이같이 내게
> 말하매 내가 곧 힘이 나서 이르되 내 주께서 나를
> 강건하게 하셨사오니 말씀하옵소서
> **다니엘 10장 19절**

　세상을 창조하시고 우리를 지으신 하나님 아버지! 하나님의 놀라운 창조섭리를 찬양합니다. 이렇게 귀한 오늘 우리 ○○이가 수학능력시험에 임할 수 있도록 인도하심을 감사드립니다. 하나님 아버지! 우리 ○○이는 평소 △△가 연약합니다. 그러나 하나님은 치료하시는 분이시며 자비와 긍휼이 넘치는 분이시오니 오늘 ○○이의 아픈 곳을 평소보다 더 굳건히 보호해 주셔서 시험에 방해가 되지 않도록 도와주옵소서.

　○○이의 뇌가 활성화됨으로 정신이 맑아져서 시험을 치르는 동안 기억력과 이해력이 잘 발휘되게 하옵소서. 위장이 강건하여 소화가 잘 되고 용변의 문제들에 불편함이 없게 하옵소서. 뼈와 근육에 운동력이 있게 하시고 긍정적인 에너지가 샘솟게 하옵소서. 또한 감기 증세로부터 보호하여 주옵소서. 그

어떤 육체적 질병에도 갑작스럽게 시달리는 일이 없게 하여 주옵소서.

○○이가 장시간 집중하고 앉아서 시험 봐야 합니다. 머리가 무겁거나 허리가 아프지 않도록 보호하여 주셔서 시험시간 내내 편안하게 하옵소서. 또한 시야를 맑게 밝혀주셔서 문제지를 풀고 답을 기입할 때 실수가 없게 하시며, 귀를 활짝 열어주셔서 듣기 평가를 할 때와 시험 감독관 선생님의 지도를 받을 때 꼭 필요한 것을 원활히 들을 수 있게 하옵소서.

무엇보다 평소 앓고 있던 지병으로부터 완벽히 보호하여 주옵소서. 시험에 방해가 될 만한 것은 그 몸에서 어떤 것도 그대로 두지 마옵소서. 오직 성령님의 사랑과 은혜가 ○○이의 온 몸과 마음과 생각에 충만하길 소망합니다. ○○이가 감사하는 마음으로 평온하고 건강하게 시험을 치를 수 있도록 도와주옵소서.

지금 이 시간 ○○이를 지켜 보호하시는 예수 그리스도의 이름으로 기도드립니다. 아멘.

최상의 시험환경을
허락 하소서

또 여호와를 기뻐하라 그가 네 마음의 소원을 네게
이루어 주시리로다 네 길을 여호와께 맡기라 그를
의지하면 그가 이루시고 네 의를 빛 같이 나타내시며
네 공의를 정오의 빛 같이 하시리로다
시편 37편 4-6절

우리의 생사화복을 주관하시는 아버지 하나님!

오늘은 전국의 수험생들이 수학능력시험에 응시하는 날입니다. 오늘 하루 온 종일 좋은 날씨를 주셔서 전국의 수험생 모두 평안한 가운데 시험을 치를 수 있도록 도와주옵소서.

특별히 우리 ○○ 이가 수학능력시험을 치를 수 있게 해주신 은혜에 감사드립니다. ○○ 이가 지각하지 않고 여유롭게 시험장에 무사히 도착할 수 있도록 도와주옵소서.

같은 교실에서 시험을 치르는 친구들과 화평하게 하시고 선한 시험 감독관을 만나 평온한 마음으로 시험에 임할 수 있도록 주관하여 주옵소서. 시험을 치르는 교실의 환경을 최상의 환경으로 인도해 주시길 소망합니다.

○○ 이 몸 상태가 그 어느 때보다 건강하고 개운하여 시험을

치는 데 어려움이 없도록 세밀하게 보살펴 주옵소서. 심리적으로 긴장하지 않게 하시고 아는 문제는 자신감으로, 모르는 문제는 슬기로움으로 대처할 수 있도록 매 순간마다 도와주옵소서.

시험 보는 하루 내내 머리가 맑고 위장이 편안할 수 있도록 건강을 돌봐주시길 간구 드립니다. 또한 쉬는 시간을 잘 활용하여 화장실에 다녀오고 휴식을 취한 뒤 다음 시험시간을 위해 마음의 안정을 찾을 수 있도록 도와주옵소서. 특히 ○○이가 전 시간의 시험을 생각하느라 다음 시간의 시험에 집중력이 흐려지지 않도록 쉬는 시간마다 마음을 다스려 주옵소서.

오늘 하루 ○○이의 길을 세밀하게 인도해 주시고 보살펴 주시기를 간구 드립니다. 그 동안 열심히 공부한 지식들이 잘 기억나게 하시고, 문제의 핵심을 잘 파악하여 정답을 골라내는 지혜와 명철을 허락하여 주옵소서.

주님만이 우리 삶의 주관자 되심을 고백하오며 우리 주 예수 그리스도의 이름으로 기도드립니다. 아멘.

자만하거나 실수하지 않게 하소서

> 내가 산을 향하여 눈을 들리라 나의 도움이 어디서 올까 나의 도움은 천지를 지으신 여호와에게서로다
> **시편 121편 1-2절**

합력하여 선을 이루시는 하나님 아버지!

오늘 시험을 치르는 ○○이을 위해 간절한 마음으로 중보 드립니다. ○○이가 긴장하지 않고 안정된 상태로 시험에 임할 수 있도록 도와주옵소서. 시험을 시작하기 전 ○○이가 기도로 마음을 가다듬을 때에 주님의 평안으로 충만하게 하시기를 원합니다. 시험지를 받은 순간부터 제출하는 순간까지 ○○이가 하나님만 의지하고 도움을 구하게 하옵소서.

○○이가 쉬운 문제에 자만하여 실수하지 않게 하시고, 모르는 문제를 만났다고 낙심하지 않길 소망합니다. 어려운 문제를 만나 확신이 서지 않고 힘들 때 응용력과 융통성을 주시고 기억력을 회복시켜 주서서 상황에 맞게 문제를 잘 해결해 나갈 수

있도록 도와주옵소서. 답안지에 이름을 빼먹거나 정답을 밀려서 표기하는 엉뚱한 실수를 범하지 않도록 OO이의 손길을 주장해 주시길 간절히 원하고 기도드립니다.

과목마다 정해진 시간 안에 문제풀이를 잘 하게 하시고 꼼꼼히 검토할 시간도 넉넉하게 허락해 주시옵소서. 적당히 시간을 배분하는 지혜를 주셔서 시간에 쫓기지 않고 시험을 치를 수 있도록 도와주시옵소서.

이번 시험을 통하여 OO이가 자신의 인생을 더욱 소중히 여기게 하시고 기도하며 살아가는 귀한 삶이 되도록 도와주옵소서. 이제까지 열심히 공부하며 준비한 시험에서 어느 때 보다도 좋은 결과를 얻을 수 있도록 도와주옵소서.

OO이의 모든 연약한 것을 도우시고 긍휼히 여겨주시기를 간절히 간구 드리며 예수 그리스도의 이름으로 기도드립니다. 아멘.

정직하게 시험 보게 하소서

누가 지혜가 있어 이런 일을 깨달으며 누가
총명이 있어 이런 일을 알겠느냐 여호와의 도는
정직하니 의인은 그 길로 다니거니와 그러나
죄인은 그 길에 걸려 넘어지리라
호세아 14장 9절

성실과 정직으로 우리를 인도하시는 하나님!

언제나 변함없는 사랑으로 우리를 돌봐주시는 신실하신 하나님의 은혜에 감사드립니다. 이 시간 시험을 치르는 전국의 수험생들에게 정직의 영을 부어주시길 기원 드립니다. 거짓말로 참소하는 사탄의 영에 마음이 사로잡혀 부정행위를 저지르는 학생이 없게 하옵소서. 성령 하나님께서 시험장마다 찾아가셔서 다스려 주시길 원합니다.

○○이가 어느 누구보다 더욱 정직한 자세로 시험에 임하게 하옵소서. 특히 다른 사람의 답안을 엿보려는 유혹을 잘 이겨내도록 도와주옵소서. 스스로 준비하고 공부하지 않은 것에는 욕심을 내지 않도록 그 마음을 지켜주셔서, 평생토록 후회할 부정행위의 죄를 범하지 않게 하옵소서. 또한 ○○이의 앞, 뒤, 옆

자리에서 함께 시험을 치르는 학생들도 ○○이의 답안을 컨닝하지 않도록 지켜주시길 간구 드립니다. 지금 이 순간 ○○이가 어떠한 유혹과 시험에 들지 않도록 도와주옵소서. 불필요한 것에 마음을 쏟지 않고 오직 자신의 시험지와 답안지에만 집중하여 최선의 시험을 치르게 하옵소서.

사랑의 주님! ○○이가 나름대로 애쓰며 시험 준비를 오랜 시간 해왔지만 부족한 것이 많습니다. 어렵거나 모르는 문제를 만났을 때 실망하여 낙담하지 않게 하옵소서. 할 수 있다는 긍정적인 생각으로 적극적으로 문제를 풀 때 성령님께서 도와주옵소서. 또한 지혜가 부족하여 기도할 때에 꾸짖지 않고 후히 알려주시는 하나님의 은혜를 체험하여 간증하게 하옵소서. ○○이가 공부했던 것을 잘 기억해 낼 수 있도록 은총을 베풀어 주옵소서. 이번 시험을 통해 ○○이가 정직한 시험의 선한 결과를 배우게 하시고 자신의 부족한 부분을 발견하여 보완하게 하셔서 인생의 밑거름으로 삼을 수 있길 간절히 기원 드립니다. ○○이는 하나님의 자녀이오니 지혜와 명철을 더하여 주시고 오직 선한 길로 인도해 주옵소서.

예수 그리스도의 이름으로 기도드립니다. 아멘.

범사에 감사기도
드리게 하소서

> 감사로 제사를 드리는 자가 나를 영화롭게
> 하나니 그의 행위를 옳게 하는 자에게 내가
> 하나님의 구원을 보이리라
> **시편 50편 23절**

은혜와 자비가 풍성하신 하나님 아버지!

ㅇㅇ이가 이제까지의 고3수험생 기간을 무사히 보내고 수학능력시험을 치를 수 있도록 인도하신 은혜에 감사드립니다. 하나님께서 ㅇㅇ이를 이날까지 보호해 주시고 공부할 수 있도록 도와주셔서 오늘에 이르게 하셨습니다. 한글도 모르고 자기 이름도 쓸 줄 모르던 어린 아이였던 ㅇㅇ이가 하나님의 은혜로 키와 지혜가 자라며 장성하게 하심도 감사드립니다.

사랑의 하나님!

ㅇㅇ이가 시험을 준비하는 동안 아쉬운 점도 많고 부족한 점도 많았습니다. 부모인 저 자신이 더욱 ㅇㅇ이를 잘 지도하고 돌봐주었어야 했는데 최선을 다하지 못했던 것을 이 시간 회개드립니다.

또한 제 욕심으로 ○○이의 공부에 지나친 관심을 쏟은 것도 하나님 앞에 회개하오니 용서하여 주옵소서. 하지만 이 일을 계기로 제가 하나님 앞에 ○○이의 비전과 사역을 위해 주님의 마음으로 중보 할 기회를 주심을 믿사오며 감사드립니다.

 하나님께 ○○이를 맡기오니 하나님의 은총 가운데서 하나님의 방법을 따라가는 귀한 하나님의 자녀의 삶을 살게 하옵소서.

 ○○이가 시험을 무사히 치를 수 있도록 지켜주신 하나님께 감사드립니다. 또한 ○○이가 건강하게 집으로 돌아올 수 있게 해주심도 감사드립니다. 이제 결과는 하나님께 맡기며 내려놓습니다. 앞으로 우리 ○○이가 더욱 하나님과 친밀한 교제를 나누며 하나님의 말씀을 사모하고 기도하는 성령 충만한 자녀가 되게 하옵소서.

 종일 시험을 치르느라 ○○이의 몸과 마음이 지쳐있을 텐데 충분한 휴식과 숙면을 취하여 영육이 소생되게 하옵소서.

 예수 그리스도의 이름으로 기도드립니다. 아멘.

좋은 결과를
허락하여 주소서

> 너희가 내 안에 거하고 내 말이 너희 안에 거하면
> 무엇이든지 원하는 대로 구하라 그리하면 이루리라
> 너희가 열매를 많이 맺으면 내 아버지께서 영광을
> 받으실 것이요 너희는 내 제자가 되리라
> **요한복음 15장 7-8절**

우리를 의의 길로 인도하시는 선한 목자이신 하나님 아버지!

언제나 푸른 초장과 쉴 만한 물가로 인도하시는 주님의 은혜에 감사드립니다. 이 시간 우리 ○○이를 기억해 주옵소서.

초등학생 시절부터 고등학교 수험생 시절에 이르기까지 배우고 공부한 것을 이번 수학능력시험을 통해 검증받게 되었습니다. 그 많은 세월에 걸쳐 쌓아온 지식이 하루의 시험으로 평가된다는 아쉬움과 허망함이 있습니다.

하나님 아버지!

평소보다 더 많이 기도하고 집중하여 치른 시험이오니 특별한 은총을 베풀어 주옵소서.

○○이가 노력하고 땀을 흘린 대가를 맛보게 하여 주시길 간

절히 원합니다. 이제까지 응시했던 시험 중에 최상의 점수를 받을 수 있도록 도와주옵소서. 그리하여 이번 시험이 앞으로 ○○이의 삶 전체에 좋은 영향을 미치게 하여 주옵소서.

○○이가 소망하는 대학에 진학하여 적성에 맞는 전공을 최선을 다해 공부하여 하나님께 영광을 돌려드리길 소망합니다. 뿌린 씨앗의 열매가 정직하고 알차게 맺혔을 때 맛볼 수 있는 기쁨을 ○○이가 직접 맛보고 체험하게 하옵소서.

하나님 아버지!

○○이의 모든 삶의 계획이 주님께 있음을 고백 드립니다. 시험결과 뿐 아니라 ○○이의 인생 전체를 주님께 의탁하오니 크신 두 팔로 안아 주옵소서. 인간적인 욕심으로는 높은 점수와 최상의 결과를 원합니다. 하지만 하나님의 계획과 뜻에 따라 합당한 결과를 허락해 주실 줄 믿고 감사드립니다.

또한 우리가 그 결과를 겸손함으로 받아들이고 감사로 영광 돌리게 하옵소서.

예수 그리스도의 이름으로 기도드립니다. 아멘.

정직하고 성실하게
시험 보게 하소서

> 무릇 나 여호와는 정의를 사랑하며 불의의
> 강탈을 미워하여 성실히 그들에게 갚아 주고
> 그들과 영원한 언약을 맺을 것이라
> **이사야 61장 8절**

거짓말을 하지 않으시고 식언치 않으시는 하나님 아버지를 찬양합니다. 시험을 앞둔 ○○이가 하나님 앞과 여러 사람 앞에 정직한 마음으로 임할 수 있도록 기도드립니다. 이번 시험을 함께 치르는 모든 수험생들에게도 깨끗하고 정직한 영을 부어주옵소서.

사랑의 주님 수험생 모두가 정직한 마음자세로 시험에 임할 수 있도록 도와주옵소서. 심지 않은 데서 거두려는 어리석은 마음은 단호히 떨쳐버리게 하옵소서. 수험생 모두가 타인의 실력을 몰래 빼앗고자 하는 이기적인 생각으로 컨닝하지 않도록 도와주옵소서. 그리하여 선의의 피해자가 생기지 않도록 함께하여 주옵소서.

우리의 미래인 학생들의 정직한 마음자세를 통하여 정치, 경제, 사회, 문화 전반에 정직하고 성실한 패러다임이 형성되는 하나님의 은혜가 퍼져나가길 소망합니다. 우선 ○○이의 마음을 먼저 만지시고 주장해 주셔서 컨닝의 유혹에 빠지지 않도록 붙드시며 시험 환경을 온전히 주장하여 주옵소서. ○○이가 부족한 부분이 많아 타인의 답안을 훔쳐보고 싶은 유혹이 들더라도 단호하게 거절할 수 있게 하시고 정직하게 오답을 기록하게 하옵소서. 자신에게 정직하지 못한 사람이 성공하거나 어떤 일을 성취하더라도, 인생의 긴 여정에서 오히려 그 성공이 장애가 될 수 있고 물거품이 되어 참된 의미가 없음을 ○○이가 잘 알도록 도와주옵소서. 사랑의 주님 누군가의 부정행위로 인해 시험장 분위기가 어수선해지지 않도록 하나님께서 다스려주시길 간절히 간구 드립니다.

지혜의 근원되신 하나님 아버지!

○○이가 모르는 문제를 만났을 때 기억력과 응용력을 발휘하여 문제를 지혜롭게 풀어 나가고 정확한 답을 유추할 수 있도록 주님이 도와주옵소서. 또한 모르는 문제 때문에 시간에 얽매여 잘 풀 수 있는 문제를 소홀히 하는 일이 없도록 도와주시길 간구 드립니다. 문제 문제마다 시간 배분을 잘하게 하셔서 시간이 부족한 일이 생기지 않도록 지혜와 능력을 더하여 주옵소서.

○○이는 특히 △△영역 시험을 볼 때 늘 시간이 촉박하고 부족하다고 말합니다. 그래서 시험지를 받으면 긴장되고 덤벙거릴 수 있기에 걱정이 많습니다. 사랑의 주님 이번 △△영역 시험 시간에 각별한 도움을 주셔서 긴장하지 않고 차분한 마음으로 시험을 치르게 도와주옵소서.

나의 힘과 지혜의 근원되신 예수 그리스도의 이름으로 기도드립니다. 아멘.

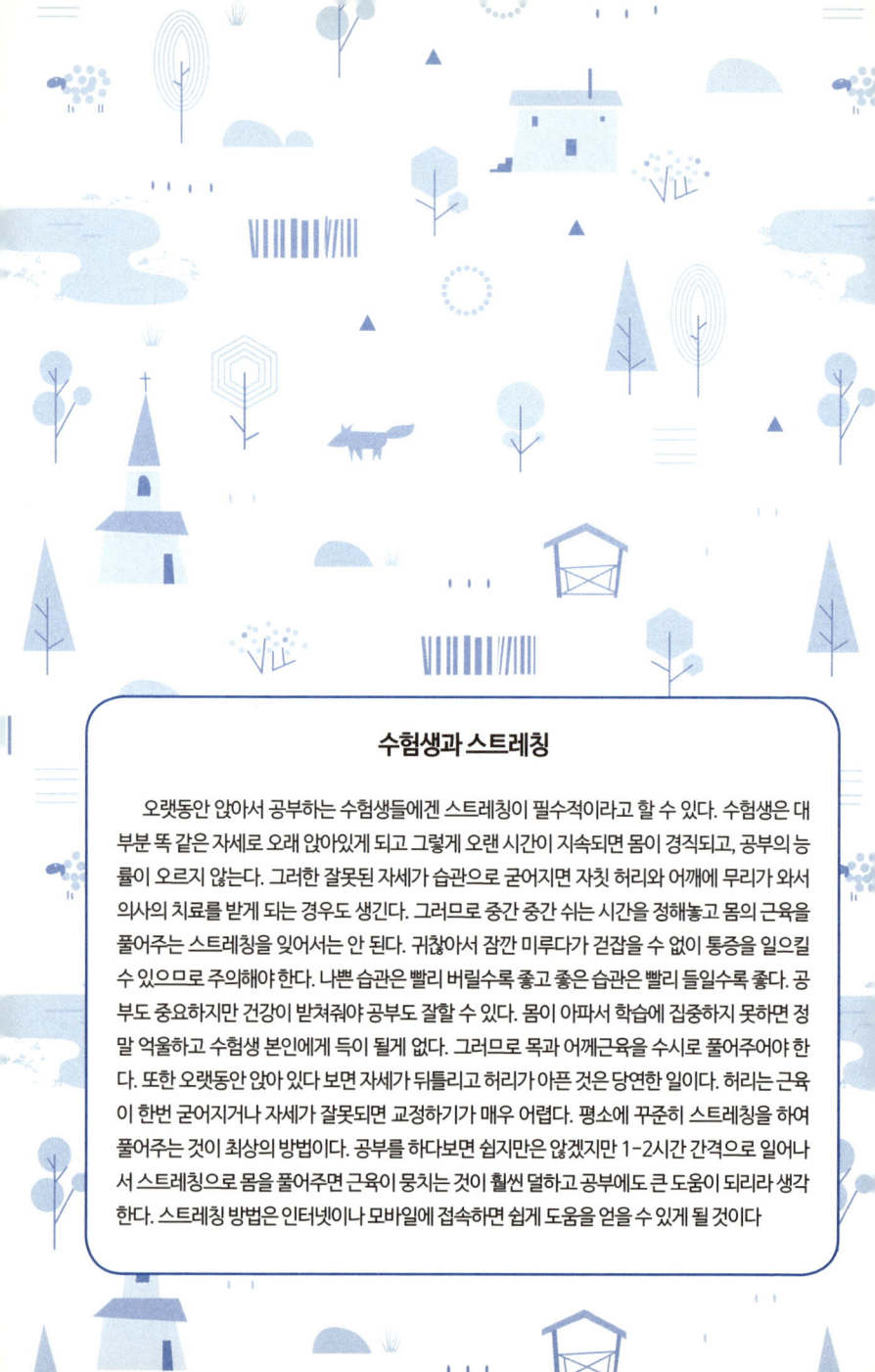

수험생과 스트레칭

오랫동안 앉아서 공부하는 수험생들에겐 스트레칭이 필수적이라고 할 수 있다. 수험생은 대부분 똑 같은 자세로 오래 앉아있게 되고 그렇게 오랜 시간이 지속되면 몸이 경직되고, 공부의 능률이 오르지 않는다. 그러한 잘못된 자세가 습관으로 굳어지면 자칫 허리와 어깨에 무리가 와서 의사의 치료를 받게 되는 경우도 생긴다. 그러므로 중간 중간 쉬는 시간을 정해놓고 몸의 근육을 풀어주는 스트레칭을 잊어서는 안 된다. 귀찮아서 잠깐 미루다가 걷잡을 수 없이 통증을 일으킬 수 있으므로 주의해야 한다. 나쁜 습관은 빨리 버릴수록 좋고 좋은 습관은 빨리 들일수록 좋다. 공부도 중요하지만 건강이 받쳐줘야 공부도 잘할 수 있다. 몸이 아파서 학습에 집중하지 못하면 정말 억울하고 수험생 본인에게 득이 될게 없다. 그러므로 목과 어깨근육을 수시로 풀어주어야 한다. 또한 오랫동안 앉아 있다 보면 자세가 뒤틀리고 허리가 아픈 것은 당연한 일이다. 허리는 근육이 한번 굳어지거나 자세가 잘못되면 교정하기가 매우 어렵다. 평소에 꾸준히 스트레칭을 하여 풀어주는 것이 최상의 방법이다. 공부를 하다보면 쉽지만은 않겠지만 1-2시간 간격으로 일어나서 스트레칭으로 몸을 풀어주면 근육이 뭉치는 것이 훨씬 덜하고 공부에도 큰 도움이 되리라 생각한다. 스트레칭 방법은 인터넷이나 모바일에 접속하면 쉽게 도움을 얻을 수 있게 될 것이다

3부

공부의 방법과 집중력을 위한 기도

시간을 효과적으로 사용하게 하소서

> 게으른 자여 개미에게 가서 그가 하는 것을 보고 지혜를 얻으라
> 개미는 두령도 없고 감독자도 없고 통치자도 없으되 먹을 것을
> 여름 동안에 예비하며 추수 때에 양식을 모으느니라
> 잠언 6장 6-8절

시간을 다스리시고 통치하시는 하나님 아버지!

오늘도 귀한 하루를 여시고 선물해 주셔서 감사합니다. 우리 ○○이가 소중한 시간과 순간들을 하나님의 방법대로 다스릴 수 있도록 도와주옵소서. 한번 지난 시간은 되돌릴 수 없다는 사실을 잊지 말고 무책임하게 보내거나 낭비하지 않도록 도와주옵소서. 시간의 주인이신 하나님을 의지하며 경외하는 마음을 갖게 해주옵소서.

고3 수험생이 되면서 바빠진 일상에 하루가 어찌 이렇게 빨리 흘러가는지 모르겠습니다. ○○이는 아침에 눈을 뜨고 밤에 잠자리에 눕기까지 대부분의 시간을 학교에서, 학원에서 보내야 합니다. 시간을 관리하는 것에 서투른 사람은 막상 휴식시간이 주어져도 헛되게 흘려보낼 때가 많습니다.

    사랑의 주님 머리가 무겁고 몸이 고단할 때 공부에 대한 부담감을 잠시 내려놓고 적당한 휴식을 취할 수 있도록 ○○이에게 쉼과 평안한 마음을 주시길 간절히 원합니다.

    ○○이가 여유시간을 건강하고 건전하게 활용할 수 있도록 지혜를 주옵소서. 부정적인 생각이 들고 낙심이 비집고 들어올 때 기도로 마음을 씻어내고 새로운 마음으로 공부에 임하도록 도와주옵소서. 책상에 앉아있는 동안은 온전히 집중해서 최대의 효과를 거둘 수 있게 하시고, 휴식을 취할 때에는 오랜 시간 안식한 것과 같은 쉼과 평안을 누리며 힘을 얻게 하옵소서.

    저와 ○○이는 하나님의 지혜로운 청지기가 되고 싶습니다. 인생을 허비하지 않고 시간을 잘 관리하여 착하고 충성된 종이라고 칭찬받는 자가 되고자 합니다. 우리는 부족함이 많사오니 완전하신 하나님께 나아가 도움을 구하며 엎드리게 하옵소서. 시간을 만드시고 통치하시는 우리 하나님께서 친히 주장하시고 다스려주옵소서.

    우리의 도움 되시는 예수 그리스도의 이름으로 간절히 기도합니다. 아멘.

학원생활을
성실하게 하소서

그러므로 너희가 더욱 힘써 너희 믿음에 덕을, 덕에
지식을, 지식에 절제를, 절제에 인내를, 인내에 경건을, 경건에
형제 우애를, 형제 우애에 사랑을 더하라
베드로후서 1장 5-7절

선한 목자이신 나의 주 나의 하나님!

저희가 염려하지 않아도 우리의 쓸 것을 아시고 예비하신 주님께 감사와 찬양 올려드립니다. ○○이가 학원에서 공부할 수 있도록 은혜 베풀어 주셔서 감사드립니다. ○○이가 혼자 공부할 때 느끼는 부담과 어려움을 학원에서 해결 받을 수 있게 하시니 너무 힘이 되고 감사를 드리지 않을 수 없습니다. 그동안 가정형편이 허락되지 않아서 ○○이가 학원에 다니기 어려웠는데 재정적 부담을 해결해 주시니 그저 감사밖에 드릴 것이 없습니다.

우리 ○○이가 길을 열어주시고 도움 되시는 하나님의 은혜를 기억하며 더욱 책임감을 가지고 공부에 힘쓸 수 있도록 도와주옵소서. 경제 사정이 좋지 않아 학원에 다니지 못하는 다른

친구들을 생각하며 감사함으로 학원생활에 임하게 하옵소서.
 더불어 학원에서 배운 새로운 지식을 친구들과 함께 나누는 넉넉한 마음도 갖게 되길 소망합니다.
 그동안 학교에서 충족되지 않았던 지식을 학원에서 충분히 채워갈 수 있도록 도와주옵소서. 그러나 학원생활 때문에 학교생활을 소홀히 여기지 않도록 붙드시고 인도하여 주옵소서. 우리 ○○이가 학원생활을 성실하고 알차게 배워나갈 수 있도록 학습태도를 바로 잡아 주시고 학교에서 배운 내용을 복습하고, 앞으로 배울 학업 내용을 예습하는 그 시간을 진정으로 즐기게 하옵소서.
 또한 학원에서 같이 공부하는 친구들과 원만한 관계를 맺게 하셔서 어려운 일이 있을 때는 서로에게 도움이 되게 하옵소서.
 몸이 힘들고 피곤해질 때 학원에 결석하고 싶은 유혹이 들기도 하리라 생각됩니다. 그때마다 마음의 부담감을 잘 이겨낼 수 있도록 우리 하나님이 도와주옵소서. 학교를 마치고 학원을 향하는 발걸음이 무겁지 않게 하시고 배움을 기대하는 마음으로 가벼운 발걸음이 되게 하옵소서.
 사랑의 주님 우리 ○○이가 누군가의 강요나 재촉에 의해서가 아니라 자발적으로 공부하는 성실한 학생이 되도록 붙잡아 주옵소서.
 날마다 새 힘을 주시는 예수 그리스도의 이름으로 간절히 기도드립니다. 아멘.

비전을 품게
하소서

> 여호와께서 시온의 포로를 돌려보내실 때에 우리는 꿈꾸는
> 것 같았도다 그 때에 우리 입에는 웃음이 가득하고 우리
> 혀에는 찬양이 찼었도다 그 때에 뭇 나라 가운데에서 말하기를
> 여호와께서 그들을 위하여 큰 일을 행하셨다 하였도다
> **시편 126편 1-2절**

우리의 길이요 진리가 되신 하나님!

오늘도 우리 ○○이가 하나님 앞에서 건강한 학생의 때를 보낼 수 있게 해주심을 감사드립니다. 부족한 것이 많고 아쉬움이 많으나 최선을 다하여 시험을 준비하고 있사오니 ○○이에게 지혜를 더하셔서 그동안 성장하면서 공부한 지식과 닦아온 실력들이 좋은 결과에 다다르게 하옵소서.

특별히 오늘은 구체적인 진로의 향방을 위해 기도합니다. 그동안은 학교에서 지도하는 데로 막연한 길을 따라 걸어왔지만 이제는 뚜렷한 목표의식을 가지고 전진하고자 합니다. 먼저 가고자 하는 대학교와 학과 선택을 위해 기도하오니 친히 인도하여 주옵소서.

저는 부모로서 ○○이에게 가지고 있던 기대와 욕심을 내려놓습니다. 사람이 그 길을 계획할지라도 인도하시는 분은 하나님이시오니 우리가 학교와 학과 선택을 위해 고민하고 기도할 때에 갈 길을 밝히 보이시고 인도해 주옵소서.

저희가 원하는 학교와 학과는 △△대학교 ㅁㅁ학과입니다. 그러나 이러한 우리의 계획도 하나님 앞에 내려놓고 기도합니다. 또한 이것은 우리의 막연한 계획이기에 더욱 뚜렷한 인도하심을 받고 싶습니다. 이것이 저희의 욕심이라면 내려놓게 하시고, 만약 하나님의 뜻에 합당한 길일 때에는 더욱 선명한 비전과 확신을 주시고 학과 선택 과정 가운데 순탄한 길을 열어주옵소서.

무조건 점수에 맞춰가지 않고 비전과 적성에 맞추어 학교와 학과를 선택할 수 있도록 도와주옵소서.
예수 그리스도의 이름으로 기도드립니다. 아멘.

인내심과 집중력을 주소서

> 보라 인내하는 자를 우리가 복되다 하나니 너희가
> 욥의 인내를 들었고 주께서 주신 결말을 보았거니와
> 주는 가장 자비하시고 긍휼히 여기시는 이시니라
> **야고보서 5장 11절**

사랑과 은혜가 충만하신 하나님 아버지!

매일 우리의 삶을 돌보시고 인도하시는 하나님의 신실하신 사랑과 은혜에 감사드립니다. 하나님 아버지의 따뜻한 손길이 ○○이의 마음과 삶에까지 뻗치길 소망합니다. ○○이가 공부를 진득하게 하지 않고 금방 싫증을 내는 습관을 바로잡아 주옵소서. 어려운 문제를 풀어야할 때면 금세 포기하려고 하고 자신이 자주 틀리는 문제를 끝까지 해결하려고 하지 않습니다.

하나님 아버지!

○○이에게 인내심이 필요하오니 허락하여 주옵소서. 반복되는 기본 학습을 인내하여 더 심화된 개념으로 나아갈 때 어려움이 없게 하옵소서. 책상에 오래 앉아있지 않고 들락거리며 앉았다 일어났다 하는 ○○이를 볼 때 제 마음이 답답합니다.

저 역시 ○○이를 향해 인내하며 평안하게 기다려 줄 수 있길 원합니다. 우리의 부족함과 연약함을 오래 참으시고 인내하셨던 예수 그리스도의 사랑을 본받아 새롭게 변화시켜 주시고 ○○이의 부족한 인내심을 위하여 끈기 있게 기도하게 하옵소서.

○○이가 반복학습을 즐겁고 기쁜 마음으로 견뎌내게 하시고 인내를 통해 자신의 한계를 뛰어넘도록 도와주옵소서.

입시준비를 통해 배운 인내와 좋은 습관들이 ○○이가 일생을 사는 동안 귀한 밑거름이 될 수 있기를 소망합니다. 책상에 앉아있는 시간도 더욱 길어지게 하시고 그 시간동안 온전히 집중하여 학업 할 수 있도록 도와주시옵소서.

입시기간 뿐만 아니라 평생을 주어진 일과 관계에 인내로 승리하는 ○○이가 되게 하옵소서. 그리하여 주어진 생을 갑절로 활용하고 헌신하며 살게 하옵소서.

예수 그리스도의 이름으로 간절히 기도드립니다. 아멘.

시간 관리를
잘하게 하소서

> 여호와께서 사람의 걸음을 정하시고 그의 길을
> 기뻐하시나니 그는 넘어지나 아주 엎드러지지
> 아니함은 여호와께서 그의 손으로 붙드심이로다
> **시편 37편 23-24절**

시간을 만드시고 주관자 되신 창조주 하나님!

우리의 앉고 일어섬을 알고 계시고 생명의 길로 인도하시는 하나님을 찬양합니다. 하나님께서 모든 사람에게 같은 시간을 주셨으나 우리가 게으르고 어리석어 시간 관리를 잘 하지 못한 부분을 회개하오니 용서하옵소서.

이 시간 항상 시간에 쫓기고 잠이 부족한 ○○이를 위해 기도합니다. ○○이가 모든 계획의 우선순위를 바르게 정하고 그에 따라 자신의 공부시간과 일상생활을 잘 경영할 수 있도록 지혜를 부어주시고 결단력과 순발력을 부어주옵소서.

○○이가 시간을 낭비하는 죄를 반복하지 않게 하옵소서. 부

모로서 저 역시 ○○이를 위해 제가 해야 할 일들을 잘 준비해 주되 ○○이를 보며 답답해하거나 급하고 재촉하는 마음이 들지 않고 믿음의 시선으로 바라 볼 수 있는 여유를 허락해 주옵소서.

공부할 때와 기도할 때와 쉴 때를 잘 구별하게 하시고 불필요한 일에 시간을 허비하는 일이 생기지 않도록 ○○이의 생활 리듬을 인도해 주옵소서. 그리하여 수험생 기간을 통해 인생전체의 시간을 잘 다루는 훈련이 이뤄지게 하옵소서.

또한 짧은 시간 공부해도 능률이 오를 수 있도록 매 순간마다 집중하여 최선을 다하게 하시고 후회하지 않는 시험 준비 기간이 되게 하옵소서. 항상 성령이 충만하여 지금 해야 할 일과 나중 해야 할 일을 구별하게 하시며 건강한 시간 관리를 통해 항상 여유로운 삶이 되게 하옵소서.

예수 그리스도의 이름으로 기도드립니다. 아멘.

암기력·이해력
집중력을 높여주소서

이는 그들로 마음에 위안을 받고 사랑 안에서 연합하여
확실한 이해의 모든 풍성함과 하나님의 비밀인
그리스도를 깨닫게 하려 함이니 그 안에는 지혜와
지식의 모든 보화가 감추어져 있느니라
골로새서 2장 2-3절

인자하신 아버지 하나님!

우리를 향하신 하나님의 무한한 사랑과 자비하심을 찬양하며 감사드립니다. 오늘도 ○○이의 수험생활이 순조롭고 강건하도록 도와주옵소서. 우리 ○○이의 영·혼·육을 성령의 능력으로 강건하게 하옵소서. 또한 학업에 필요한 능력을 부어주시되, 먼저 이해력을 더하여 주시길 원합니다.

선생님의 가르침을 받을 때에 중요한 핵심사항을 빠르고 정확하게 이해할 수 있도록 도와주옵소서. 공부하는 동안 잡념이 들지 않고 온전히 집중하게 하옵소서.

또한 열심히 공부하고 배운 것을 외울 때 탁월한 능력을 더하여 주셔서 암기한 것을 정확하게 오래도록 기억하게 하옵소서.

암기한 것이 필요한 순간에 잘 기억나게 하시고 적절히 적용할 수 있도록 도와주옵소서. 또한 아는 것과 외운 것을 잘 활용하여 자신이 전혀 접해보지 않은 유형의 문제를 접할 때에도 당황하지 않고 잘 응용해 낼 수 있는 능력을 더해주옵소서.

공부할 때는 공부하고 쉴 때는 충분히 쉼으로써 수험생활을 건강하고 즐겁게 보낼 수 있는 지혜를 ○○이에게 더하여 주옵소서. 휴식을 취할 때는 잠시 공부에 대한 부담을 내려놓고 평안한 마음으로 깊은 휴식을 취하게 하옵소서. 하지만 오늘 해야 할 일과 오늘 해야 할 공부를 내일로 미루지 않게 하옵소서.

또한 하나님 앞에 예배드리고 찬양하며 기도하는 순간에도 전심으로 집중하여 필요한 능력을 주님으로부터 공급받길 소망합니다. 제한된 시간에 많은 공부를 해야 하는 수험생 기간이지만 주님이 부어주신 능력으로 ○○이가 온전히 승리하게 하옵소서.

○○이의 영육이 강건하고 성령이 충만하기를 간절히 원하오며 예수 그리스도의 이름으로 기도드립니다. 아멘.

자율성을 키워 주소서

게으른 자는 마음으로 원하여도 얻지 못하나
부지런한 자의 마음은 풍족함을 얻느니라
잠언 13장 4절

　성실하시며 진실하신 하나님 아버지!
　졸지도 주무시지도 않고 우리를 눈동자와 같이 보호하시니 감사합니다. 우리의 머리카락까지 세실 만큼 우리에 대한 관심이 충만하신 아버지의 사랑에 오늘도 감격하며 찬양 올려드립니다. 하나님 아버지! ○○이를 사랑하시는 만큼 ○○이의 부족함도 잘 아시지요. ○○이가 할 일을 미룰 때가 많고 스스로 하지 않을 때가 많아 걱정스럽습니다. 그러다보니 자꾸 잔소리를 하게 되어 ○○이의 성격이 수동적으로 변하게 되었습니다. 우리 ○○이의 체질과 습관을 잘 아시는 하나님 아버지! ○○이의 연약한 부분을 더욱 만져주시고 다뤄주셔서 ○○이가 예수 그리스도의 성실하심을 본받게 하옵소서.
　공부하고 생활하는 가운데 언제나 정성과 최선을 다할 수 있도록 도와주옵소서. 왜 공부하며 왜 인생을 살아가는지 분명한 목적과 비전이 충만하게 하셔서 세월을 허송하지 않는 ○○이가 되도록 붙잡아 주옵소서.

성령의 충만한 역사가 우리 ○○이에게 바람같이, 불길같이, 생수같이 임하여 매우 중요한 이 순간을 부지런히 보내고 능동적이며 긍정적으로 임할 수 있도록 도와주시길 간구합니다. ○○이에게 지적 호기심이 충만하여 새로운 것을 알아가는 즐거움을 갖게 하시고 공부하고자 하는 자발적인 마음이 샘솟게 하옵소서. 그리하여 귀한 청년의 시절을 어느 시기보다 값지고 보람 있게 보내는 ○○이가 되도록 인도하옵소서.

자율적이고 능동적인 수험생 기간을 통해 ○○이가 더욱 부지런해져서 가족과 이웃과 민족을 위해 또한 하늘나라 확장을 위해 하나님께 귀하게 쓰임 받고 행복한 생을 누리는 귀한 주의 청년으로 성장하길 소망합니다.

예수 그리스도의 이름으로 기도드립니다. 아멘.

좋은 친구 관계를 맺게 하소서

> 내 계명은 곧 내가 너희를 사랑한 것 같이 너희도 서로
> 사랑하라 하는 이것이니라 사람이 친구를 위하여
> 자기 목숨을 버리면 이보다 더 큰 사랑이 없나니
> 너희는 내가 명하는 대로 행하면 곧 나의 친구라
> **요한복음 15장 12-14절**

우리의 친구 되신 하나님 아버지!

언제나 우리의 음성에 귀 기울이시고 작은 신음에도 응답하시는 주님! 지금 이 순간에도 따뜻한 눈길로 바라보고 계신 하나님 아버지의 친밀한 사랑에 감사드립니다. 하나님은 우리에게 가장 좋은 친구이시며 가장 훌륭한 상담자이십니다.

○○이 안에 있는 고민을 누구보다 잘 아시는 주님! 학교생활과 친구관계에 주님이 직접 개입하여 주시길 소망합니다.

고3 수험생이 되면서 민감해진 성격 탓인지 친구들과의 관계에 번번이 어려움이 생깁니다. 별 것 아닌 일에 서운한 감정으로 말미암아 자존심이 상하여 다툼으로 번질 때가 있음을 알고 있습니다.

선의의 경쟁을 하되 부정적인 방향으로 감정이 흘러가지 않도록 절제하고 조절하게 해주옵소서. ○○이가 먼저 친구를 이해할 수 있는 넓은 마음을 갖게 되길 간구합니다.

　자신보다 우월한 친구에게서는 좋은 점을 본받게 하시고 자신보다 어려운 친구를 위해서는 사려 깊은 마음으로 돕고 기도하게 해주옵소서.

　아직은 부족하고 연약해서 친구관계에 지혜롭지 못할 때가 있고 불필요한 일로 마음이 상하고 신경이 쓰일 때도 있으리라 믿습니다.

　○○이가 사소한 일에 억매이지 않게 하시고 관계를 넓고 깊은 관점에서 볼 수 있도록 도와주옵소서.

　이제는 서로의 비전과 학업과 신앙을 위해 기도하고 격려하며 힘이 될 수 있는 친구들이 많아지게 하옵소서. 평생지기로 지낼 수 있는 좋은 친구를 사귀며 만나도록 도와주옵소서.

　다윗과 요나단처럼 서로에게 힘이 되며 서로의 인생을 위해 기도하고 축복할 수 있는 친구였으면 좋겠습니다.

　주여 ○○이 자신이 먼저 편안하고 믿을만한 친구가 될 수 있도록 부족한 성품을 다듬어 주옵소서.

　예수 그리스도의 이름으로 기도합니다. 아멘.

좋은 선생님을
만나게 하소서

> 나는 마음이 온유하고 겸손하니 나의 멍에를 메고 내게
> 배우라 그리하면 너희 마음이 쉼을 얻으리니 이는 내
> 멍에는 쉽고 내 짐은 가벼움이라 하시니라
> **마태복음 11장 29-30절**

    은혜와 자비가 충만하신 하나님 아버지!

    우리가 기도할 때 마음에 평안을 주시고 갈 길을 밝히 보여주시는 은혜에 감사드립니다. 오늘은 ○○이에게 가르침을 주시는 선생님들을 위해 사랑과 감사의 마음을 담아 기도드립니다.

    ○○이가 그동안 자라면서 많은 선생님들을 만났고 배워왔습니다. 그동안 다닌 학교와 학원과 주일학교 그리고 여러 방면으로 가르침을 주었던 많은 분들을 기억하며 감사드립니다.

    하나님께서 좋은 만남을 주셔서 ○○이에게 지식과 지혜의 폭을 넓혀주셨고 때론 힘든 분을 붙여주셔서 단련시키셨습니다. 그만큼 선생님으로부터 받는 영향이 크다는 것을 알기 때문에 간절한 마음으로 기도드립니다.

고3 수험생으로써 우리 ○○이에게 매우 중요한 시기를 보내고 있습니다. ○○이가 좋은 선생님들을 만나는 복을 누리게 해주옵소서. 무엇보다 지금 가르침을 받고 있는 학교와 학원 선생님들과 원만하게 지내고 존중하게 하옵소서.

좋은 선생님을 원하기 이전에 ○○이가 먼저 좋은 학생이 되게 해주시고 선생님을 인격적으로 존경하며 신뢰하며 배움을 갈망하는 제자가 되게 하옵소서. 사랑의 주님 ○○이가 학생으로서 예의를 갖춰 선생님을 대할 때 선생님 또한 ○○이를 깊은 사랑으로 품고 격려하며 가르침을 줄줄 믿습니다.

우리 ○○이가 선생님이 심어주신 씨앗들을 정성껏 키워 풍성한 열매를 맺게 되길 소망합니다. 선생님께서 ○○이의 가능성을 발견하고 격려해 주실 때 그 가르침을 잘 따르며 열심을 다하여 예습과 복습을 단련하게 해주옵소서. 사랑의 주님 우리 ○○이로 인하여 선생님들이 가르치는 보람을 흡족히 느꼈으면 좋겠습니다. 선생님들의 영혼과 몸과 마음이 건강하도록 은혜를 베푸시고 힘을 더하여 주셔서 ○○이와 친구들을 지도하는데 피곤치 않도록 붙잡아 주옵소서.

예수 그리스도의 이름으로 기도합니다. 아멘.

끈기와 집중력을 높여주소서

이는 너희 믿음의 시련이 인내를 만들어 내는 줄 너희가
앎이라 인내를 온전히 이루라 이는 너희로 온전하고
구비하여 조금도 부족함이 없게 하려 함이라
야고보서 1장 3-4절

우리에게 변치 않는 사랑을 베푸시는 아버지 하나님!

주님은 변함이 없으시고 회전하는 그림자도 없으시기에 어제나 오늘이나 동일하게 역사하십니다. 이전에 베풀어주신 은혜와 은총을 기억하오니 주님의 손길이 간절히 필요한 지금 이 순간, 그때와 동일한 은혜와 은총을 부어주시길 간구합니다.

십자가에서 죽기까지 우리를 사랑하신 예수님!

먼저 주님의 마음과 성품을 본받기 원합니다. 예수님이 그러셨던 것처럼 우리 ○○이에게 주어진 어려움과 고난을 잘 인내하게 하옵소서. ○○이는 고3 수험생으로서 학업의 짐을 감당하고 있습니다. 이 짐은 자신 혼자 지는 것이 아니라 주님이 같이 져주셔야 합니다. 공부하는 데에 필요한 모든 것을 공급해

주시되 특별히 ○○이에게 부족한 인내심을 부어주시길 기도합니다. 한량없이 오래 참으시고 인내하시는 주님의 성품을 본받을 수 있도록 도와주옵소서.

○○이는 끈기 있게 책상에 앉아 공부하는 것을 버거워합니다. 책상에 앉으면 시간이 얼마 지나지 않아 흔들거리고 엉뚱한 짓을 하곤 합니다. 어려운 문제를 접하거나 암기가 잘 되지 않을 때면 더 쉽게 포기하려 합니다.

사랑의 주님 우리 ○○이가 인내심을 가지고 끈기 있게 공부할 수 있도록 도와주옵소서. 더 나아가 효율적으로 공부하는 방법을 터득할 수 있게 해주셔서 공부가 흥미로운 놀이가 되고 오락이 될 수 있도록 배워가는 즐거움을 깨우쳐 주옵소서. ○○이의 부족함이 단번에 변화될 수 없다 하여도 포기하지 않고 끈기 있게 노력하고 결단하게 하옵소서.

차츰차츰 발전하고 전진할 수 있도록 날마다 위로와 힘을 더하여 주옵소서.

나의 힘이 되신 예수 그리스도의 이름으로 기도합니다. 아멘.

이해력과 응용력을
높여 주소서

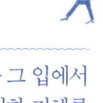

대저 여호와는 지혜를 주시며 지식과 명철을 그 입에서
내심이며 그는 정직한 자를 위하여 완전한 지혜를
예비하시며 행실이 온전한 자에게 방패가 되시나니
잠언 2장 6-7절

하나님 아버지의 풍성한 은혜를 묵상하며 감사 기도드립니다. 고요한 중에 우리에게 말씀하시고 가르쳐 주셔서 항상 주님의 의로운 길을 따라 가는 자가 될 수 있도록 도와주옵소서.

우리 ○○이는 공부를 할 때 기초가 부족하고 암기력이 부족해서 금세 흥미를 잃곤 합니다. 전체적인 개념은 이해를 하는데 구체적인 세부사항으로 들어갔을 때 기초가 약하고 필수 암기사항이 부족하여 막힐 때가 많습니다. 책을 읽으면 이해는 잘 하는데 아는 내용도 막상 시험지에 옮겨 적으려고 하면 힘들다고 말합니다.

공부의 기초는 원리와 흐름을 이해하는 것이 중요하다고 하지만, 유난히 암기가 중요하고 필요한 과목이 있기에 특별히 우리 ○○이에게 암기력을 향상시켜 주시길 간구합니다.

ㅇㅇ이는 암기를 하더라도 쉽게 잊어버리고 세세하게 기억을 잘하지 못하고 시간이 조금만 지나도 대략만 알뿐 뚜렷하게 떠오르지 않는다고 말합니다. 반복학습을 해도 그만큼 능률이 오르질 않으니 답답해하고 쉽게 포기하게 만듭니다. 지혜와 능력이 무한하신 우리 주님께서 우리 ㅇㅇ이를 붙드시고 도와주옵소서. 다른 잡념에 사로잡힌 것이 있거나 심리적 부담감 때문에 그런 것이라면 집중력을 허락하여 주시고 평안한 마음과 생각이 온전히 회복되어 공부할 때 가장 좋은 컨디션을 유지할 수 있도록 도와주옵소서. 한 가지를 암기하더라도 정확히 기억할 수 있게 해주시고, 열심히 외운 것은 잊지 않고 생각나게 하시며 배운 것을 남에게 가르치고 활용할 수 있도록 도와주옵소서.

　사랑의 주님 우리 ㅇㅇ이에게 하나님의 총명과 지혜를 주셔서 어떤 방식으로 암기할 때 효율적인지 깨달음을 주옵소서. 고3 시험을 준비하느라 공부한 이 기간에 암기한 것들이 앞으로 인생을 살아가는 데에도 힘이 되고 좋은 재료가 될 수 있도록 도와주옵소서. 학업을 준비하며 몸과 마음과 성격의 연약한 부분들을 하나님 앞에 내려놓고 기도하게 하시고 부족한 부분을 채워가도록 도와주옵소서. 앞으로도 자기 자신을 더욱 사랑하며 감사하며 공부할 수 있도록 인도하여 주옵소서.

　예수 그리스도의 이름으로 기도합니다. 아멘.

게으름을
이기게 하소서

> 게으름이 사람으로 깊이 잠들게 하나니 태만한 사람은 주릴 것이니라 계명을 지키는 자는 자기의 영혼을 지키거니와 자기의 행실을 삼가지 아니하는 자는 죽으리라
> **잠언 19장 15-16절**

사랑의 하나님 아버지!

우리에게 늘 새 날을 주셔서 하나님께 기도하고 찬양할 수 있는 은혜와 특권을 주심에 감사드립니다. 또한 우리 ○○이가 고3 수험생으로 힘이 들고 어려워도 잘 적응하며 공부하려고 노력하는 모습을 지켜보며 감사드립니다.

오늘은 게으름의 문제를 하나님께 내려놓고 기도드립니다. 게으름은 자신이 하는 일에 자부심을 갖지 못하고 흥미를 잃어버릴 때 많이 나타나지만 몸이 피곤하거나 심리적 부담이 가중될 때 지금 무엇을 해야 할 지 때때로 혼란스럽고 나태해지기 쉽습니다. 주여 우리 ○○이를 붙드시고 힘주셔서 피곤치 않도록 도와주옵소서. 힘들고 어려워도 지금의 중요한 시기를 땀 흘려 노력할 때 얻어지는 열매를 바라보고 게으르지 말고 열심을 다하게 하옵소서. 하오나 주여 우리가 연약하여 해야 할 일을 알아도 몸이 따라주지 않을 때가 있고 마음조차 힘들 때가 있습니다. 사랑의 주님 우리 ○○이

가 해야할 일을 자꾸 미루게 되어 결국에는 후회하는 일이 반복되지 않도록 도와주옵소서. 주님 게으르고 나태해지게 만드는 잘못된 습관이 ○○이에게 있다면 습관의 원인을 알고 고쳐 나가도록 도와주옵소서.

하나님 아버지!

우리 안에 해결되지 못한 어떤 문제들이 매사에 발목을 잡고 힘들게 하고 게으름을 불러일으키지는 않는지 알게 하셔서 바로잡게 하시고 선택과 집중을 통하여 효과적인 결과를 얻도록 인도하여 주옵소서. 사랑의 주님 ○○이에게 건강한 마음가짐을 주시고 올바른 행동과 실천함으로 게으름을 이기게 하옵소서. 지금 해야 할 일과 나중에 해야 할 일들을 ○○이가 스스로 잘 알게 하시고 중요한 일과 일상적인 일을 구별할 수 있는 지혜도 허락하여 주옵소서.

언제나 일하시는 주님 좀 더 눕고 싶고 좀 더 자고 싶은 유혹을 단호히 끊게 하시고 짧은 휴식의 달콤함을 즐기느라 자신의 비전을 잊지 않도록 우리 안에 경각심을 심어주옵소서. 특별히 공부할 때 미루지 않고 집중해서 최선을 다할 수 있도록 도와주시길 간절히 원합니다. 우리 ○○이가 심은 대로 거둔다는 진리를 기억하며 좋은 씨앗을 심고 가꾸는 일에 힘쓰고 전력을 다하게 하옵소서.

주님 그 무엇보다 부지런하여 게으르지 말고 열심을 다해 주를 섬기는 하나님의 사람으로 ○○이를 세워주옵소서.

예수 그리스도의 이름으로 간절히 기도드립니다. 아멘.

모든 수험생들이 준비되게 하소서

이로써 그 보배롭고 지극히 큰 약속을 우리에게 주사 이 약속으로
말미암아 너희가 정욕 때문에 세상에서 썩어질 것을 피하여
신성한 성품에 참여하는 자가 되게 하려 하셨느니라
베드로후서 1장 4절

길이요 진리요 생명이신 하나님 아버지!

우리 가는 길을 밝히 비추시고 인도하여 주시길 간구합니다. ○○이를 포함한 모든 수험생들이 입시 제도로 인해 불안하고 염려되는 마음이 있습니다. 제도의 잦은 변화로 입시를 대비하는 과정 가운데 어려움이 많습니다. 각종 매체에서 보도되는 내용이 우리에게 혼란을 더해줍니다. 입시 당국이 투명하고 정확한 제도를 세워 수험생 당사자와 학부모들에게 신뢰를 심어주길 소망합니다.

시험 출제 경향과 난이도에 대해 요동하지 않고 오직 하나님만 바라보고 나아가게 해주세요. 어떤 상황이든 주어진 난관을 넉넉히 이겨낼 수 있도록 늘 준비된 사람이 되게 하여 주옵소서.

  ○○이에게 앞길을 내다볼 수 있는 지혜와 안목을 주시길 원합니다. 그리하여 하나님의 뜻과 방법을 따라 현명하게 입시를 준비해 갈 수 있도록 도와주세요. ○○이의 눈과 귀가 오직 하나님께만 집중되게 해주세요. 세상의 소식과 사람의 말에 휩쓸려 경솔한 판단을 내리는 어리석음을 범하지 않도록 도와주시길 간절히 간구합니다.

  무엇 하나 또렷하지 않은 막막한 상황이지만 말씀에 의지하여 전진합니다. 하나님을 의지하는 이 마음이 흔들리지 않고 굳건하게 세워지길 원합니다. 같은 길을 걸어가는 수험생 친구들에게도 동일한 은혜를 허락해 주옵소서.

  제도 앞에 수험생은 불안하고 약자지만 하나님이 함께하시면 강자가 될 수 있습니다. 하나님은 제도보다 크고 높으시니 아버지의 선하신 뜻대로 다스려 주옵소서.

  모든 이름 위에 뛰어나신 예수 그리스도의 이름으로 기도합니다. 아멘.

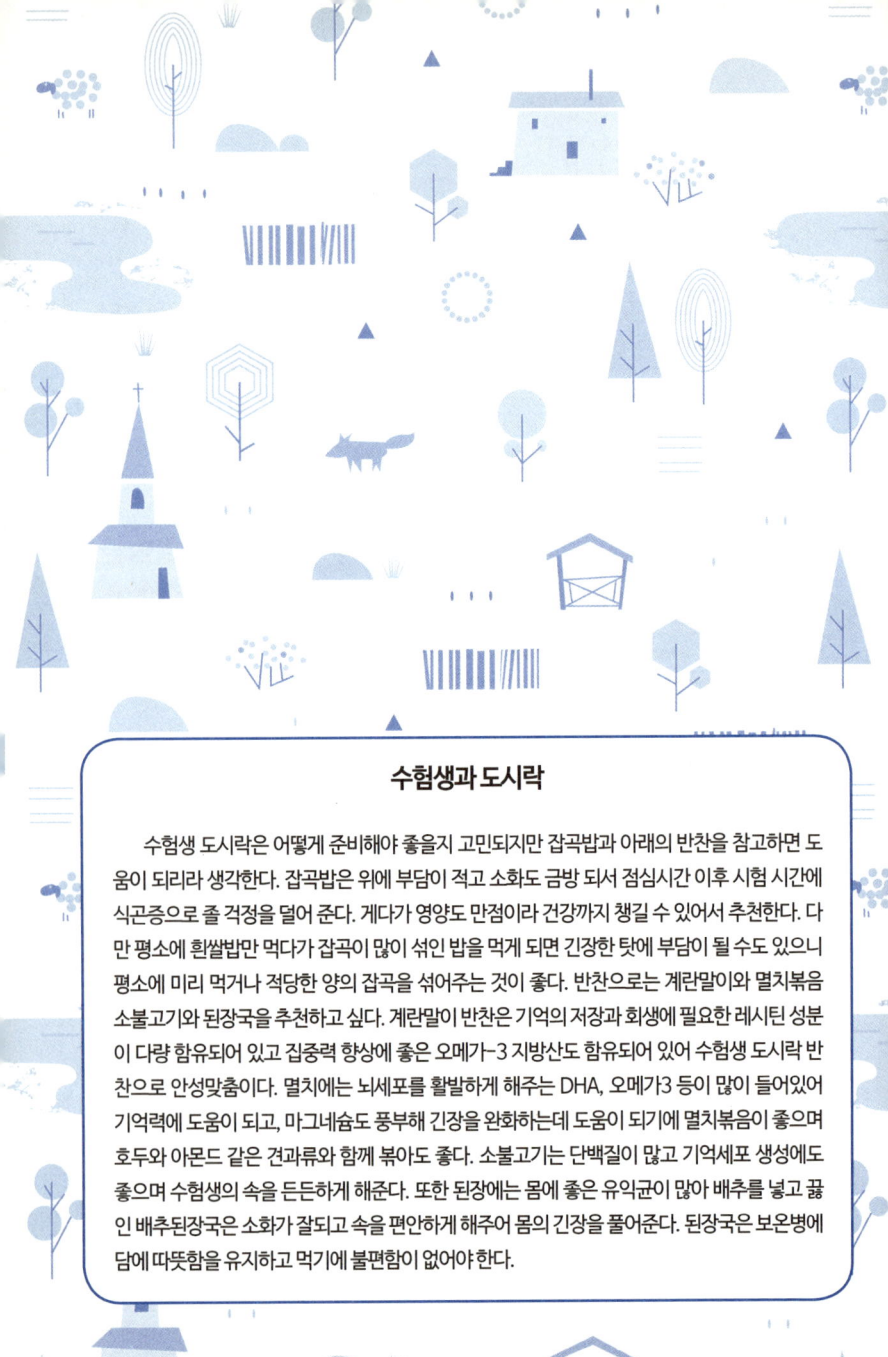

수험생과 도시락

수험생 도시락은 어떻게 준비해야 좋을지 고민되지만 잡곡밥과 아래의 반찬을 참고하면 도움이 되리라 생각한다. 잡곡밥은 위에 부담이 적고 소화도 금방 되서 점심시간 이후 시험 시간에 식곤증으로 졸 걱정을 덜어 준다. 게다가 영양도 만점이라 건강까지 챙길 수 있어서 추천한다. 다만 평소에 흰쌀밥만 먹다가 잡곡이 많이 섞인 밥을 먹게 되면 긴장한 탓에 부담이 될 수도 있으니 평소에 미리 먹거나 적당한 양의 잡곡을 섞어주는 것이 좋다. 반찬으로는 계란말이와 멸치볶음 소불고기와 된장국을 추천하고 싶다. 계란말이 반찬은 기억의 저장과 회생에 필요한 레시틴 성분이 다량 함유되어 있고 집중력 향상에 좋은 오메가-3 지방산도 함유되어 있어 수험생 도시락 반찬으로 안성맞춤이다. 멸치에는 뇌세포를 활발하게 해주는 DHA, 오메가3 등이 많이 들어있어 기억력에 도움이 되고, 마그네슘도 풍부해 긴장을 완화하는데 도움이 되기에 멸치볶음이 좋으며 호두와 아몬드 같은 견과류와 함께 볶아도 좋다. 소불고기는 단백질이 많고 기억세포 생성에도 좋으며 수험생의 속을 든든하게 해준다. 또한 된장에는 몸에 좋은 유익균이 많아 배추를 넣고 끓인 배추된장국은 소화가 잘되고 속을 편안하게 해주어 몸의 긴장을 풀어준다. 된장국은 보온병에 담에 따뜻함을 유지하고 먹기에 불편함이 없어야 한다.

4부

마음의 평안과 희망을 위한 기도

절대로 포기하지 않게 하소서

우리가 세상에서 특별히 너희에 대하여 하나님의
거룩함과 진실함으로 행하되 육체의 지혜로 하지
아니하고 하나님의 은혜로 행함은 우리 양심이
증언하는 바니 이것이 우리의 자랑이라
고린도후서 1장 12절

　세상 끝날 까지 우리를 사랑하시고 함께 하시는 하나님 아버지 감사드립니다. 수능을 앞두고 공부에 매진하는 사랑하는 자녀를 위하여 기도드립니다. 힘들고 지치기 쉬운 계절입니다. 날씨가 무덥고 습하지만 최대한 좋은 환경을 만들어주고 건강에 좋은 음식으로 먹이게 하옵소서. 우리 ○○ 이가 공부에 흥미를 잃지 않도록 도와주시고 배워가는 즐거움과 깨달음의 참된 기쁨을 맛보아 알게 하옵소서.

　사랑의 주님! 문제가 풀리지 않고 공부의 능률이 오르지 않을 때 포기하고 싶은 유혹이 오더라도 절대로 포기하지 않도록 도와주시고 새 힘을 더하여 주옵소서. 누구나 침체기를 겪을 수 있기에 그 고비를 잘 넘기는 자만이 한 단계 더 높이 도약할 수 있음을 우리 ○○ 이가 잘 알고 인내함으로 이겨내게 도와주옵소서.

    사랑의 주님! 우리 ○○이가 우울한 감정이 들더라도 오랫동안 쌓아놓지 말게 하시고 잠시 휴식을 취하며 음악을 듣거나 하나님의 위로의 말씀인 시편을 통하여 도움을 얻게 하옵소서. 우리의 영혼을 지키시며 돌보시는 하나님을 기억하게 하시고 우리의 방패가 되시고 시원한 그늘이 되시는 하나님을 의지하는 복된 자녀가 되도록 도와주시옵소서.

    사랑의 주님! 최고가 되기보다 최선을 다하는 우리 ○○이가 되게 하시고 정직함과 성실함으로 인정받게 하옵소서. 무엇보다 우리의 구원이 되시고 생명이 되시며 영광이신 하나님을 의지함으로 결단코 포기하지 말게 하시고, 끝까지 최선을 다하도록 도와주시옵소서. 주님 우리 ○○이의 마음을 붙드시고 밝고 맑고 환하게 소망의 빛을 비춰주시옵소서. 우울함과 어둠이 떠나가고 믿음과 소망으로 사랑과 평안으로 충만하게 하여 주옵소서.

    살아계신 예수님의 이름으로 기도드립니다. 아멘.

부활의 소망으로
새롭게 하소서

예수께서 이르시되 나는 부활이요 생명이니 나를 믿는
자는 죽어도 살겠고 무릇 살아서 나를 믿는 자는 영원히
죽지 아니하리니 이것을 네가 믿느냐
요한복음 11장 25-26절

어제나 오늘이나 영원토록 동일하신 하나님 아버지 새날을 허락해 주신 주님을 찬양합니다. 오늘은 우리 ○○ 이가 부활의 소망을 가지고 주님을 바라보게 하옵소서. 주어진 하루를 의미 있게 보내게 하시고 주님이 예비하신 복을 기대하며 상 주심을 바라며 나아가게 하옵소서. 우리 ○○ 이가 고3수험생으로 힘들고 어려워도 내일의 소망을 품고 믿음으로 승리하게 하옵소서.

사랑의 주님! 추운 겨울이 가면 봄이 오듯이 저희들 얼었던 마음이 주님을 바라보며 기대함으로 깨어나게 하옵소서. 움츠린 대지에 새순이 돋고 꽃이 피어나듯 주님의 고난과 죽음 후에 부활의 영광으로 저희 마음가운데 임하시옵소서. 인생은 누구에게나 굴곡이 있으며 답답한 일이 있으면 형통하는 날도 올 것을 바라며 묵묵히 수험생의 본분을 다하게 하옵소서.

사랑의 주님! 봄이 오면 농부가 밭을 갈아 엎고 씨를 뿌리듯이 ○○이의 마음을 부드럽게 하옵소서. 너희 묵은 땅을 기경하라 지금이 곧 여호와를 찾을 때니 마침내 여호와께서 오사 공의를 비처럼 너희에게 내리시리라 하신 호세아 선지자의 말씀이 사랑하는 우리 ○○이에게 임하게 하옵소서. 밤낮을 가리지 않고 땀 흘려 공부하고 노력하고 있사오니 좋은 열매 거두게 하시고 지혜와 명철로 함께하여 주옵소서.

사랑의 주님! 주님의 죽으심을 실망하고 낙심한 체 엠마오로 내려가던 두 제자를 만나주시고 동행하며 성경을 풀어 주실 때 그들의 마음이 뜨거웠던 것처럼 이 시간 우리 ○○이를 만나주시고 영적 소원으로 뜨겁게 하옵소서. 사망 권세 이기신 부활의 능력으로 저희를 안수하사 깨끗하게 하시며 하나님의 열정을 온전하게 회복시켜 주옵소서.

사랑의 주님! 우리 ○○이가 땅에 살아도 하늘을 맛보며 살게 하시고 어두움 후에 빛이 나며, 고난이 지나면 아침의 밝은 해가 떠오를 것을 잊지 않게 하옵소서. "너희가 악할지라도 자녀가 떡을 달라하면 돌을 주며 생선을 달라하면 뱀을 줄자가 있겠느냐" "그 아들을 주신 자가 그 아들과 함께 무엇을 너희에게 주시지 않겠느냐" 말씀하신 주님을 끝까지 붙잡고 믿음으로 승리하게 하옵소서.

부활이요 생명이신 예수님의 이름으로 간절히 기도드립니다. 아멘.

참 평안과 안식을 주소서

> 수고하고 무거운 짐 진 자들아 다 내게로 오라 내가 너희를 쉬게 하리라 나는 마음이 온유하고 겸손하니 나의 멍에를 메고 내게 배우라 그리하면 너희 마음이 쉼을 얻으리니
> **마태복음 11장 28-29절**

사랑이 풍성하신 하나님 아버지 어제와 다른 새날을 허락하여 주시니 감사합니다. 바쁜 일상과 세상의 염려에도 주님이 주시는 평안과 참된 안식 얻기를 간구 드립니다. 우리 ○○이가 반복되는 공부로 인하여 밤새워 피곤하여 지칠 때 육체적인 쉼도 허락하여 주시고, 목표 달성으로 인한 스트레스로 마음이 무거울 때 생수 같은 시원함을 허락하여 주옵소서.

사랑의 주님! 우리 ○○이에게 시험성적 갈등으로 인한 괴로움도 날려 보낼 수 있는 은혜를 허락하여 주옵소서. 수고하고 무거운 짐 진 자들아 다 내게로 오라 내가 너희를 쉬게 하리라 하신 말씀의 능력으로 ○○이를 붙들어 주옵소서. 오직 주안에서만 진정한 쉼과 자유를 누릴 수 있음을 알지만 정작 누리지 못했음을 고백합니다.

사랑의 주님! 저희들 수가성의 여인처럼 세상에서 안식을 찾아 헤매며 살았습니다. 많은 돈을 벌면 행복하고 목마름이 해결되리라 여긴 적이 있었습니다. 세상의 학문과 지식이 문제를 해결해 주리라 생각했던 적도 있었습니다. 높은 권력을 얻고 좋은 친구를 사귀면 행복하리라 생각한 저희들입니다.

하지만 저와 우리 ○○이의 영혼을 그 무엇으로도 채울 수 없음도 깨달았습니다. 오직 우리 주님 안에 거할 때만 참된 안식과 만족함을 누릴 수 있음을 고백 드립니다. 주여 긍휼히 여겨주시고 성령으로 임하여 주옵소서.

사랑의 주님! 우리 ○○이가 무엇보다 가정에서 주님이 주시는 평안과 소망으로 넘치기를 원합니다. 사랑하는 자녀들이 주님의 놀라운 사랑과 십자가 대속의 은혜를 맛보아 알게 하옵소서. 자자손손 주님을 믿고 의지하며 순종하는 가정이 되게 하옵소서.

은혜의 주님! 교회 안에서는 위로와 격려가 넘치게 하시고 주님을 본 받아 말이 아닌 자원함과 기쁨으로 섬기게 하옵소서.

영원한 위로자요 참 안식을 주시는 예수님 이름으로 기도드립니다. 아멘.

축복합니다.
힘을 주소서

나의 간절한 기대와 소망을 따라 아무 일에든지
부끄러워하지 아니하고 지금도 전과 같이 온전히
담대하여 살든지 죽든지 내 몸에서 그리스도가
존귀하게 되게 하려 하나니
빌립보서 1장 20절

    사랑이 많으시고 복의 근원되신 주님 간절히 기도하오니 응답하여 주옵소서. 사랑하는 우리 ○○이에게 지혜와 명철과 총명을 허락하여 주옵소서. 어둠이 지나가면 새벽이 오듯이 우리 ○○이에게 빛을 비춰주시고, 믿음과 소망으로 충만하게 하시고 기쁨과 감사함으로 오늘 하루도 승리하게 하옵소서.

    우리 ○○이가 주님이 공급하시는 힘을 얻고 내일의 기대와 소망으로 가득 차게 하옵소서. 사랑의 주님! 주님의 이름으로 ○○이를 축복합니다. 강하고 담대함을 그에게 주시고 자신에게 부끄럽지 않도록 최선을 다하게 하옵소서. 수험생으로 후회함이 남지 않도록 최선을 다하며 성실하게 하옵소서.

    나의 힘이 되신 주님, 주님의 이름으로 ○○이를 축복합니다. 피곤치 않도록 힘주시고 강건하게 하옵소서. 세상이 줄 수 없는 마음의 평안과 기쁨이 그 영혼 깊은 곳에서 가득 가득 솟아나게 하옵소서.

사랑의 주님! 주님의 이름으로 ○○ 이를 축복합니다. 지혜와 명철을 허락하여 주시고, 하나님을 경외함의 복을 충만하게 하옵소서. 주님의 이름으로 ○○ 이를 축복합니다. 성결함의 복을 허락하여 주시고 자신과 여러 사람에게 정직하게 하옵소서.

사랑의 주님! 주님의 이름으로 ○○ 이를 축복합니다. 배움의 즐거움을 주시고 세상을 보는 안목을 넓혀주옵소서. 주님의 이름으로 ○○ 이를 축복합니다. 주님을 사모하고 갈망하는 마음 주시고 주님을 찾는 자에게 주시는 만남의 복과 은혜를 허락하여 주옵소서.

사랑의 주님! 주님의 이름으로 ○○ 이를 축복합니다. 땀 흘리며 노력하는 자에게 주시는 풍성한 열매를 허락하여 주옵소서. 주님의 이름으로 ○○ 이를 축복합니다. 우리 주님 예수 그리스도의 온유하고 겸손함을 닮아가게 하옵소서.

우리의 기도에 귀 기울이시며 응답하시는 예수님의 이름으로 기도드립니다. 아멘.

심지를 견고하게 하소서

> 그는 시냇가에 심은 나무가 철을 따라 열매를
> 맺으며 그 잎사귀가 마르지 아니함 같으니 그가
> 하는 모든 일이 다 형통하리로다
> **시편 1편 3절**

지혜와 명철로 하늘을 펴시고 이 세상 모든 것을 주관하시는 하나님께 찬양 올려드립니다.

날마다 우리 ○○이에게 힘과 능력을 주시며 평강 주심을 감사드립니다. 그동안 꾸준히 인내하며 학업에 전념하게 하시고 하나님을 의지하며 기쁜 마음으로 예배와 봉사에도 성실하게 임하게 하심을 감사드립니다.

하나님 아버지.

우리 ○○이가 진정한 승리와 형통함이 주님께 있음을 믿고 주님만 바라며 의지하게 하시고 열심을 다하여 기도하며 성실하게 학업에 임하게 하옵소서. 지금껏 우리 ○○이가 주님을 의지하고 성실하게 공부해 왔으나 결과를 온전히 주님께 맡기고 평안한 마음으로 시험에 임하게 하옵소서.

　주님을 의지하고 사랑하는 자녀에게 시냇가에 심은 나무처럼 번성하게 하시고 아름다운 열매를 거두게 하옵소서.
　주님께서 심지가 견고한 자를 평강의 평강으로 지키시리라 하셨사오니 뿌리 깊은 나무처럼 마음이 흔들리지 아니하고 견고하게 하옵소서.

　주님께서 우리 ○○ 이에게 이미 승리 주신 것을 믿사오니 이번 시험을 계기로 믿음이 성장하며 살아계신 하나님을 체험하는 기회가 되게 하옵소서.
　예수님의 이름으로 기도 드립니다. 아멘.

희망을 갖고
노력하게 하소서

인내를 온전히 이루라 이는 너희로 온전하고 구비하여 조금도
부족함이 없게 하려 함이라 너희 중에 누구든지 지혜가
부족하거든 모든 사람에게 후히 주시고 꾸짖지 아니하시는
하나님께 구하라 그리하면 주시리라
야고보서 1장 4-5절

우주만물을 창조하시고 다스리시는 하나님!

우리의 삶을 섭리하시고 은혜로 인도하심을 감사드립니다. 수능을 준비하는 우리 ○○이를 붙드시고 지혜와 능력을 갑절로 부어 주시옵소서.

지금까지 힘들게 쌓아올린 생활 리듬을 잘 유지할 수 있도록 도와주시옵소서. 좋은 습관과 공부하는 리듬을 깨지 않도록 마음을 다잡아 주시옵소서.

주여, 우리 ○○이가 물리쳐야할 최대의 적은 게으름과 느슨한 마음임을 알게 하시고 목표를 향하여 정진하게 도와주시옵소서.

아무리 힘들고 어려워도 이겨낼 수 있는 강인한 체력과 건강을 허락하여 주시고 우리 ○○이에게 할 수 있다는 자신감을 주셔서 넉넉히 감당하게 하옵소서.

우리의 힘 되시고 소망되신 하나님 아버지를 우리 ○○이가 날마다 순간마다 주님을 바라봄으로 넘치는 활력을 충만케 하여 주시옵소서 수능을 보는 그 시간까지 집중력을 가지고 무엇이 부족한지를 잘 알게 하시고 하나라도 그냥 흘려보내지 않도록 도와주시옵소서. 혹 알고 있는 문제라도 더 깊이 이해하고 다지며 배워가는 즐거움을 더하여 주시옵소서.

주여, 우리 ○○이가 자신과의 약속과 싸움에서 결코 물러서지 않도록 도와주시옵소서. 세상은 노력하는 자에게 희망으로 가득 차 있음을 잊지 않게 하시고 긍정적인 생각과 창조적인 말을 통하여 세상은 새롭게 발전해 왔으며 우리 ○○이가 그 주인공으로 일익을 담당할 수 있도록 실력을 쌓으며 준비에 소홀함이 없게 하여 주시옵소서.
변함없으신 예수 그리스도 이름으로 기도드립니다. 아멘.

가족관계가
원만하게 하소서

> 아무에게도 악을 악으로 갚지 말고 모든 사람
> 앞에서 선한 일을 도모하라 할 수 있거든
> 너희로서는 모든 사람과 더불어 화목하라
> **로마서 12장 17-18절**

사랑과 은혜가 충만하신 임마누엘 하나님 아버지! 우리 가정을 항상 눈동자 같이 보살펴주시는 하나님의 깊으신 사랑에 감사드립니다. 그러나 기도가 부족하고 사랑이 부족하여 소통이 단절될 때가 있고 마찰이 생기기도 합니다. 우리 가족 한 사람 한 사람을 불쌍히 여기시고 도와주옵소서. 서로 더욱 이해하고 감싸주며 부족한 부분을 채워주는 관계가 되어 기쁨과 슬픔을 같이하는 가족이 되게 하옵소서.

특히 시험을 앞둔 입시생이지만 ○○이가 마음의 평안을 잃지 않게 하시고 가족을 배려하는 마음을 가질 수 있도록 도와주옵소서. 성적을 위해 공부하는 것뿐만 아니라 가족을 위해 기도하고 가족을 위해 배려하는 마음자세를 가질 수 있게 하옵소서.

가족과 이웃과 친지를 존중하고 서로 친절하게 대하며 사랑을 주고받는 가운데 수험생 시절과 사춘기 시절을 즐겁게 보낼 수 있도록 도와주옵소서. 이 시절 학업에 대한 부담으로 가족과의 즐거운 시간을 짜증으로 보내는 일이 없도록 항상 우리 ○○이의 마음을 지켜주옵소서.

가정 안에서 충만한 사랑을 받음으로 말미암아 학교와 학원에 나가서 공부할 때에 더 힘을 낼 수 있게 되길 소망합니다. 충분한 휴식과 충전이 가정 안에서 이뤄질 수 있도록 도와주옵소서. 또한 우리 가족 모두가 ○○이를 도와 더욱 학업에 집중하며 올바른 인성과 영성을 가진 청년으로 자랄 수 있도록 중보하고자 하오니 우리 가정에 늘 기도가 끊이지 않도록 성령께서 동행하여 주옵소서. ○○이의 수험생 기간을 통해 가족 모두 하나님과 깊은 교제를 나누고 하나님을 경외하며 하나 되는 귀한 시간 될 수 있도록 도와주옵소서.

예수 그리스도의 이름으로 간절히 기도드립니다. 아멘.

평안과 감사가
넘치게 하소서

평안을 너희에게 끼치노니 곧 나의 평안을 너희에게 주노라 내가
너희에게 주는 것은 세상이 주는 것과 같지 아니하니라 너희는
마음에 근심하지도 말고 두려워하지도 말라
요한복음 14장 27절

평강의 아버지 하나님!
분주하고 불안정한 시기를 보내고 있는 ○○이에게 한결같은 사랑을 부어주시니 감사합니다.

지금 이 시간에도 의와 평안을 위해 간구하시는 주님! 자녀에게 세상이 줄 수도 알 수도 없는 평안을 허락해 주옵소서. 수험생이 된 이후로 ○○이의 마음이 안정이 되지 않고 불안과 염려가 많아 보입니다. 평안해 하는 날보다 답답해하고 걱정하는 날이 더 많아졌습니다.
○○이의 하루하루가 평안함으로 하나님께 날마다 감사를 올려드리길 원합니다. 조건 때문에 감사하는 것이 아니라 하나님이 계신 것에 만족하며 감사하게 하옵소서.

그 무엇보다 지금까지 건강하게 살게 해주신 은혜에 감사하게 하옵소서. 희로애락을 함께할 수 있는 가족과 친구를 붙여주셔서 바른 길 걸어가게 하시니 감사합니다. 공부할 수 있는 여건과 환경을 마련해 주셔서 비전을 향해 전진하게 하심도 감사드립니다. 주님께서는 작은 일에 감사하는 사람에게 더 큰 축복을 허락하시는 분이신 줄 압니다. 하나님! 지금 올려드린 감사의 기도를 받아주시고 ○○이에게 평안함의 은총을 가득 부어주옵소서.

사랑의 주님 자녀의 믿음이 커져서 부정적인 생각이 틈타지 않게 되길 소망합니다. 사탄이 뿌린 불안의 씨앗이 뿌리를 내리지 않도록 성령의 불로 태워주옵소서. 참 평안은 하나님 아버지로부터만 얻을 수 있음을 믿습니다. ○○이가 평안할 때 저의 가족도 동일한 평안을 누릴 수 있사오니, 천국에서 맛볼 수 있는 평안을 지금 이곳에서도 맛볼 수 있도록 은혜를 베풀어 주시길 원합니다.

날마다 숨 쉬는 순간마다 평안을 부어주시는 주님께 감사를 올려 드리며 우리 주 예수 그리스도의 이름으로 기도드립니다. 아멘.

주 안에서 자존감을
높여 주소서

하나님이여 나를 지켜 주소서 내가 주께 피하나이다 내가
여호와께 아뢰되 주는 나의 주님이시오니 주 밖에는
나의 복이 없다 하였나이다 땅에 있는 성도들은 존귀한
자들이니 나의 모든 즐거움이 그들에게 있도다
시편 16편 1-3절

존귀와 영광을 받으시기에 합당하신 아버지 하나님!

부족하고 연약한 우리를 하나님의 자녀 삼아주셔서 감사합니다. 주님의 존귀와 영광을 ㅇㅇ이에게 충만하게 부어주옵소서. ㅇㅇ이가 하나님의 형상과 성품을 닮고 드러내는 도구로 사용되길 소망합니다. 하나님의 능력을 힘입어 날마다 전진하는 삶을 살게 해주옵소서.

언젠가부터 ㅇㅇ이가 자신감을 잃고 힘들어 합니다. 너는 할 수 없다, 너는 아무 것도 아니다 라고 공격하는 사탄의 거짓말에 속아 넘어지지 말게 하옵소서. 한번 넘어지더라도 다시 일어나는 오뚝이 같이 벌떡 일어서도록 힘을 더하여 주옵소서.

하나님 아버지!

○○이의 낮은 자존감을 회복시켜 주시길 간구합니다. 하나님 안에 있을 때 ○○이가 모든 것을 할 수 있고 존귀한 사람이라는 것을 확신하고 담대히 선포할 수 있도록 도와주옵소서. 실패만을 떠올리며 힘들어하지 않게 하시고 하나의 과정으로 흘려버리게 하시고 하나님의 성품을 묵상하길 원합니다. 부정적인 자신의 내면에 있는 두려움에 갇히지 않도록 ○○이를 지켜주옵소서. 하나님의 크고 깊은 은혜와 자유 안에 충만히 거하게 해주시옵소서.

은혜의 하나님, 영광의 하나님, 승리의 하나님!

그 하나님이 ○○이 안에서 역사하시면 불가능한 일이 없고 이루어지지 않을 일이 없는 줄 압니다. ○○이를 통해 일하시고 홀로 영광 받아주옵소서.

앞으로는 자신을 사랑하고 스스로를 존중하며 살게 하시고 십자가 대속의 사랑과 은혜로 말미암아 긍정적인 생각과 믿음의 고백으로 삶에 변화를 가져오게 하옵소서. ○○이가 주님의 값 주고 사신 자녀라는 중요한 사실을 잊지 않도록 매 순간마다 상기시켜 주옵소서. 또한 언제까지나 너를 사랑한다고 너는 존귀한 내 자녀라고 말씀하여 주옵소서.

우리를 죽기까지 사랑하시고 생명까지 내어주신 예수 그리스도의 이름으로 기도합니다. 아멘.

따뜻함이 넘치는
가정되게 하소서

보라 형제가 연합하여 동거함이 어찌 그리 선하고 아름다운고
머리에 있는 보배로운 기름이 수염 곧 아론의 수염에 흘러서 그의
옷깃까지 내림 같고 헐몬의 이슬이 시온의 산들에 내림 같도다
거기서 여호와께서 복을 명령하셨나니 곧 영생이로다
시편 133편 1-3절

사랑과 은혜가 충만하신 하나님 아버지!

날마다 우리 가족을 인도하시고 사랑으로 돌보아주심을 감사드립니다.

하나님은 우리 가정의 주인이시고 목자가 되십니다. 우리에게 소중한 가족을 허락해 주신 은혜를 기억합니다. 태어나면서부터 지금까지 함께한 가족들이 있어서 서로가 힘든 시기를 잘 견뎌낼 수 있었습니다.

그런데 요즘 집안 분위기가 썰렁하고 가족 간의 관계가 불편합니다. 서로에게 못마땅한 마음에 대화가 단절되고 살얼음판을 걷듯이 조심스럽고 차갑습니다. 언제부터인지 누구 때문인지 어떻게 해야 할 잘 모르겠습니다. ○○이가 수험생이 된 뒤 더욱 민감해 진 부분도 있는 것 같습니다. 사랑의 주님이 함께

하셔서 가족 상호간의 이해의 폭을 넓혀 주옵소서.

무엇보다 부모로써 중재역할을 다하지 못한 내 자신이 부끄럽고 너무 부족하게 여겨져서 속상합니다. 그동안 저와 가족구성원 모두가 기도가 부족한 점이 많았음을 고백하오니 용서해 주옵소서.

하나님 우리의 마음을 주장해주시고 ○○의 마음을 다스려 주옵소서. 서로 조금씩 용납하고 이해할 수 있도록 은혜를 주시고 억지로가 아니라 자연스럽고 자원하는 마음으로 사랑의 마음이 솟아나게 해주옵소서.

사랑의 주님 우리 가족이 서로 화목하고 따뜻함이 넘치길 소망합니다. 틈이 벌어지고 단절된 우리 가정에 빛으로 오셔서 사랑을 회복시켜 주시고 신뢰를 회복시켜 주옵소서. 서로를 볼 때 소망과 기대가 넘쳐나게 하시고 위로를 얻을 수 있게 해주옵소서.

사랑의 주님 가족 모두가 먼저 하나님과의 친밀감을 회복하고 가족 상호간에 친밀감이 깊어져서 각자 자신에게 주어진 일과 학업에 모두 충실할 수 있도록 도와주옵소서.

예수 그리스도의 이름으로 기도합니다. 아멘.

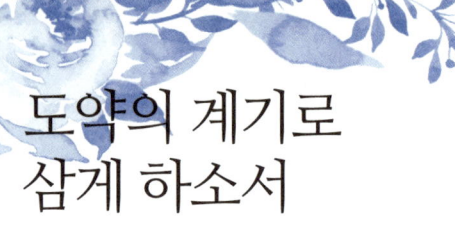

도약의 계기로
삼게 하소서

> 두려워하지 말라 내가 너와 함께 함이라 놀라지 말라 나는
> 네 하나님이 됨이라 내가 너를 굳세게 하리라 참으로 너를
> 도와주리라 참으로 나의 의로운 오른손으로 너를 붙들리라
> **이사야 41장 10절**

존귀와 영광을 받으시기에 합당하신 하나님!

들의 풀과 같이 연약한 우리의 인생을 사랑으로 보살펴 주시고 인도해주시는 은혜와 사랑 감사드립니다. 하나님 아버지! ○○이 나름대로는 열심히 공부한다고 했는데 시험 성적이 좋지 않아 마음이 괴롭고 낙심되나 봅니다. 공부를 해도 성적이 오르지 않고 노력한 만큼 그 결과가 나오지 않아서 자신감을 잃은 것 같습니다. 요즘 마음을 조급해하며 공부가 손에 잡히지 않는 듯 안정되지 않는 모습이 안타깝습니다.

여호와 샬롬, 평강의 하나님!

○○이 마음에 평안을 주시며 위로와 힘을 주옵소서. 그리하여 다시 용기를 내서 긍정적으로 공부할 수 있도록 ○○이의 마음과 생각을 지켜주시길 원합니다. 공부를 하면 할수록 부족한

것이 많은 것을 발견하리라 믿습니다. 그러나 지금 시험이 얼마 남지 않은 상황에서 그 모든 것을 다 완벽히 할 수 없습니다. ○○이가 보충해야 하고 더 힘써야 할 부분을 구체적으로 깨닫게 하여 주옵소서. 그리하여 주어진 범위와 시간 안에서 보다 효과적으로 공부할 수 있도록 도와주시길 간절히 간구합니다.

비록 이번 성적이 원하는 만큼 나오지 않았지만 오히려 취약점을 잘 분석하고 준비할 수 있는 기회로 삼게 하여 주옵소서. 사랑의 주님 ○○이에게 새 힘을 부어주시고 용기를 더해 주옵소서. 다시 집중해서 즐겁고 감사한 마음으로 공부에 충실히 임하게 하옵소서. 더욱 부지런하고 더욱 성실하게 공부하며 수험생활을 잘 지탱할 수 있도록 하나님의 크신 권능의 팔로 ○○이를 붙잡아 주옵소서.

언제나 부족한 부분을 하나님께 내려놓고 기도하게 하시고 성령과 지혜를 충만하게 부으시고 채워주길 간절히 간구합니다. 그리하여 땀 흘려 노력하고 수고한 좋은 결과를 얻게 하시고 하나님께 영광 돌릴 수 있도록 도와주옵소서.

예수 그리스도의 이름으로 기도합니다. 아멘.

마음과 생각을
주장 하소서

> 주께서 심지가 견고한 자를 평강하고 평강하도록
> 지키시리니 이는 그가 주를 신뢰함이니이다
> 너희는 여호와를 영원히 신뢰하라 주 여호와는
> 영원한 반석이심이로다
> **이사야 26장 3-4절**

전능하신 하나님 아버지!

천하 만물을 주관하시며 자연을 다스리시는 은혜를 찬양 드립니다. 또한 ○○ 이를 위해 기도하고 사랑을 베푸는 가족과 친구들을 허락하심에 감사드립니다. 이제 시험을 앞두고 떨리는 마음과 기대하는 마음으로 하나님 앞에 나아와 기도드립니다. 그동안 시험을 위해 공부하고 준비했지만 아직 부족한 것이 많고 두려운 마음과 긴장된 마음이 있으리라 믿습니다. 사랑의 주님 먼저 ○○ 이 마음에 평안을 주옵소서. 마음과 생각을 주장하여 주셔서 긴장하지 않도록 도와주옵소서.

시험 당일 아침 건강한 컨디션으로 시간을 잘 맞춰 일어나게 하시고 시험 보기에 적절한 기후를 허락하셔서 전국의 수험생 모두 편안하게 시험에 임할 수 있도록 주관하여 주옵소서.

또한 시험장에 가지고 가야할 물건들을 빠뜨리지 않고 잘 준비하게 해주시고, 넉넉한 시간에 수능시험 장소에 도착하여 기도로 시험을 준비할 수 있는 여유로운 마음을 주시길 간절히 간구 드립니다.

사랑의 주님 시험을 치를 교실의 환경도 주장해 주셔서 안정된 마음으로 시험을 치르게 해주옵소서. 쉬는 시간을 충분히 활용하여 휴식하고 다음 시험을 준비할 수 있도록 인도해 주시리라 믿습니다.

시험을 지도하는 감독관 선생님이 편안한 분위기로 시험을 주관하도록 도와주시길 간절히 원합니다. 특히 같은 교실에서 시험을 치르는 수험생들 간에 시시비비나 마찰이 없도록 도와주옵소서. 시험을 마치고 집에 돌아오는 순간까지 돌발 상황이 생기거나 짜증나는 일이 전혀 없기를 기도드립니다.

평온한 가운데 오직 시험문제에 집중할 수 있도록 모든 시험에 필요한 환경을 평강에 평강으로 지켜주옵소서. 그동안 시험을 위해 기도하고 준비해온 것들이 좋은 열매를 맺을 수 있도록 은혜로운 환경을 허락해 주시고 하나님이 함께하심을 몸과 마음으로 체험케 하여 주옵소서. 알파와 오메가 되신 주님께서 시험 시작부터 끝까지 온전히 주관하여 주옵소서.

예수 그리스도의 이름으로 간절히 기도드립니다. 아멘.

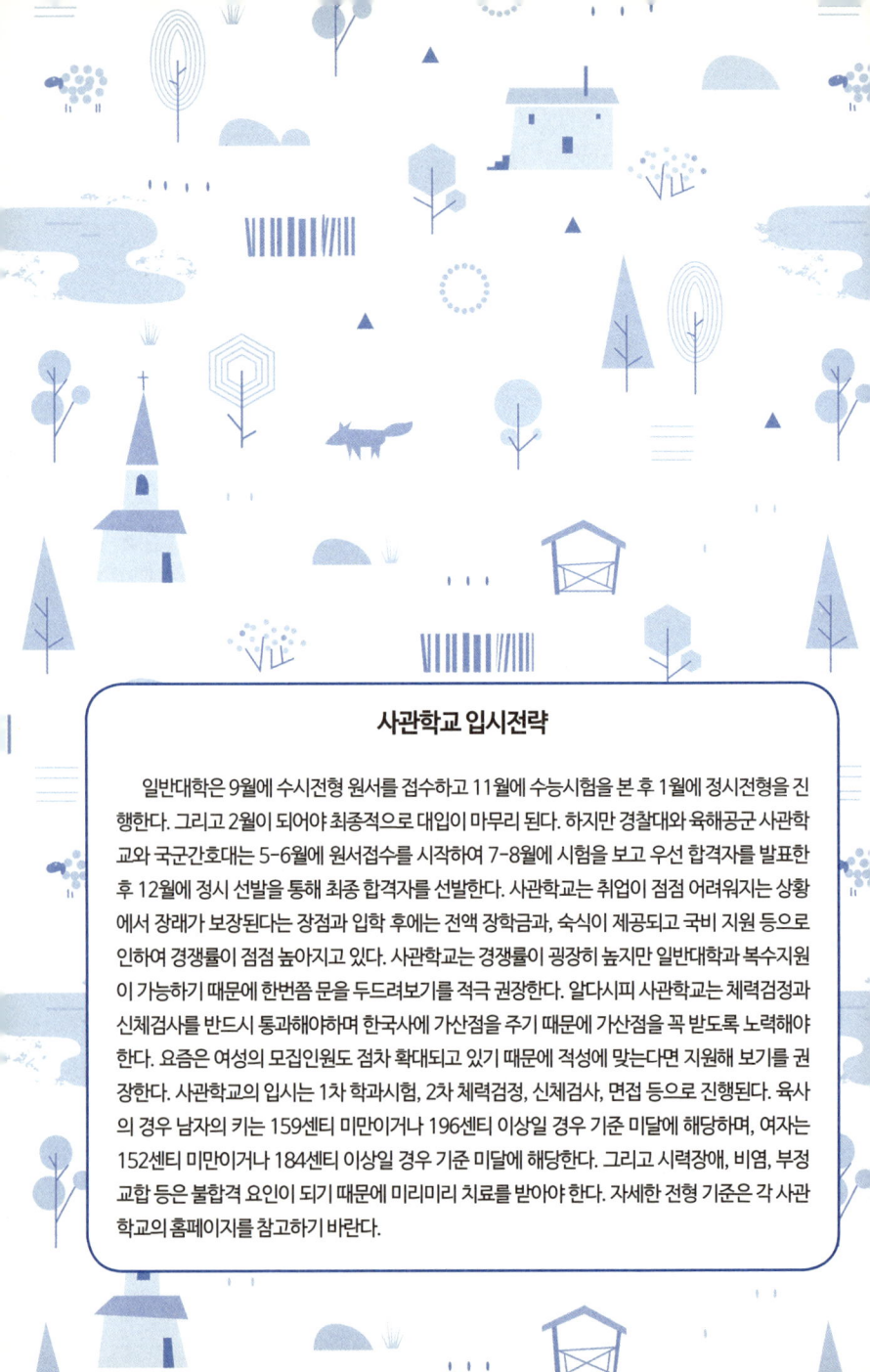

사관학교 입시전략

일반대학은 9월에 수시전형 원서를 접수하고 11월에 수능시험을 본 후 1월에 정시전형을 진행한다. 그리고 2월이 되어야 최종적으로 대입이 마무리 된다. 하지만 경찰대와 육해공군 사관학교와 국군간호대는 5-6월에 원서접수를 시작하여 7-8월에 시험을 보고 우선 합격자를 발표한 후 12월에 정시 선발을 통해 최종 합격자를 선발한다. 사관학교는 취업이 점점 어려워지는 상황에서 장래가 보장된다는 장점과 입학 후에는 전액 장학금과, 숙식이 제공되고 국비 지원 등으로 인하여 경쟁률이 점점 높아지고 있다. 사관학교는 경쟁률이 굉장히 높지만 일반대학과 복수지원이 가능하기 때문에 한번쯤 문을 두드려보기를 적극 권장한다. 알다시피 사관학교는 체력검정과 신체검사를 반드시 통과해야하며 한국사에 가산점을 주기 때문에 가산점을 꼭 받도록 노력해야 한다. 요즘은 여성의 모집인원도 점차 확대되고 있기 때문에 적성에 맞는다면 지원해 보기를 권장한다. 사관학교의 입시는 1차 학과시험, 2차 체력검정, 신체검사, 면접 등으로 진행된다. 육사의 경우 남자의 키는 159센티 미만이거나 196센티 이상일 경우 기준 미달에 해당하며, 여자는 152센티 미만이거나 184센티 이상일 경우 기준 미달에 해당한다. 그리고 시력장애, 비염, 부정교합 등은 불합격 요인이 되기 때문에 미리미리 치료를 받아야 한다. 자세한 전형 기준은 각 사관학교의 홈페이지를 참고하기 바란다.

5부

영적 성숙과 믿음을 위한 기도

십자가 은혜로
붙들어 주소서

> 예수께서 제자들에게 이르시되 누구든지 나를 따라오려거든
> 자기를 부인하고 자기 십자가를 지고 나를 따를 것이니라
> 누구든지 제 목숨을 구원하고자 하면 잃을 것이요 누구든지 나를
> 위하여 제 목숨을 잃으면 찾으리라
> **마태복음 16장 24-25절**

영광의 주님! 어둠을 몰아내고 빛을 비춰주시니 감사드립니다. 새벽에 함께하신 주님의 은총이 오늘 하루 동안에도 우리 ○○ 이와 늘 함께 하실 것을 믿습니다. 우리의 간절한 기도를 들으시며 언제나 우리 가까이 계신 주님의 은혜를 묵상합니다.

우리는 아무리 생각하여도 부족하고 연약하여 죄로 말미암아 버림받고 영원한 형벌에 처해야 마땅함에도 불구하고 저희를 사랑하심은 오직 주님의 은혜임을 고백 드립니다. 사랑의 주님! 고난의 길이요 외로운 길이며 죽음의 길이지만 저희를 구원하시려는 주님의 열정과 사랑은 죽음보다 강한 줄 믿습니다.

사랑의 주님! 이 시간 우리 ○○ 이가 주님의 위대하신 사랑과 그 참혹한 십자가를 더 깊이 깨달아 알기를 소망합니다. 도살장으로 끌려간 어린양 같이 묵묵히 걸어가신 주님의 발자취

를 생각하여 봅니다. 채찍에 맞아 갈기갈기 찢기고 피범벅이 된 일그러진 모습, 벌거벗기어 수치스러운 모습, 손과 발에 못 박히고 옆구리에 난 창 자국. 하나님과 사람에게 외면당하고 온갖 조롱과 수모를 당하신 주님의 모습을 생각하며 우리 ○○이가 그 은혜 안에 거하게 하옵소서.

사랑의 주님! 이 모든 것이 저희의 죄 때문이며 저희를 구속하기 위함임을 잘 압니다. 사랑의 주님 저희들을 긍휼히 여겨 주시고 그 끝없는 사랑과 은혜를 잊지 않게 하시며 그 십자가의 능력으로 붙잡아 주옵소서. 주님이 걸어가신 험한 길을 따랐던 제자들과 같이 저희들도 그 길을 따라가게 하시고 주님의 뜻을 이루는데 우리 ○○ 이를 사용하여 주옵소서.

사랑의 주님! 십자가의 도가 멸망하는 자들에게는 미련한 것이요 구원을 얻은 우리에게는 하나님의 능력인줄 믿습니다. 그 십자가의 능력으로 저와 ○○ 이를 변화시켜 주시고 새롭게 하여 주옵소서. 한 알의 밀알처럼 썩어져 많은 열매를 맺음으로 오직 주님께만 영광을 돌리게 하옵소서. 생명의 주님! 십자가의 복음을 담대히 전하는 저희들의 삶이요 일상이 되게 하여 주옵소서. 이 복음은 모든 믿는 자에게 구원을 주시는 하나님의 능력이심을 믿기에 뒤로 물러가거나 조금도 소홀하지 않게 하옵소서.

예수님의 이름으로 간절히 기도드립니다. 아멘.

믿음으로 하루를 열게 하소서

> 믿음이 없이는 하나님을 기쁘시게 하지 못하나니 하나님께
> 나아가는 자는 반드시 그가 계신 것과 또한 그가 자기를 찾는
> 자들에게 상 주시는 이심을 믿어야 할지니라
> **히브리서 11장 6절**

하나님 아버지 새로운 하루를 열어주셔서 감사합니다. 오늘 하루가 반복되는 일상과 크게 다르지 않을지라도 우리 ○○이에게 의미 있는 하루가 되게 하옵소서. 비록 형통하지 못할지라도 주님의 사랑과 은혜를 깨닫고 감사하는 하루가 되게 하옵소서. ○○이가 평범한 학생으로, 고3수험생으로 살아갈지라도 예수님의 작은 향기를 발하는 복음의 증인되게 하옵소서.

우리가 아직 죄인 되었을 때 우리를 사랑하신 그 십자가의 끝없는 사랑을 기억하며 놓치지 않게 하옵소서. 사랑의 주님 저희가 육신의 연약함으로 범죄 하지 않게 하시고 거룩하신 주님의 능력을 힘입게 하옵소서. 주여 우리 ○○이가 믿음이 깊어질수록 고난에서 멀어지는 것이 아니라는 것을, 주님에 대한 헌신이 깊어질수록 질병에 대한 면역이 생기지 않는다는 것도 말씀을 통하여 알게 하옵소서.

선한 목자이신 주님 ○○ 이가 오직 주님의 선하심만을 의지하게 하옵소서. 긍휼이 많으신 주님 오늘은 광야에서 회개의 복음을 외치던 세례요한을 묵상합니다. 수많은 사람들이 말씀과 소문을 듣고 세례를 받으려고 요한에게 몰려왔습니다. 그럼에도 불구하고 세례요한은 주님의 신발 끈도 풀기에 감당치 못할 자라고 고백하였으며, 나는 쇠하여야 하겠고 주님은 흥하여야 하리라 고백하며 바른 신앙으로 살았습니다.

사랑의 주님 조금만 일이 잘 되어도 자신의 능력인양 우쭐대는 저희들을 불쌍히 여겨주옵소서. 우리 ○○ 이의 신앙이 지식에만 머무르는 죽은 신앙이 되지 않게 하옵소서. 하나님의 나라는 말에 있지 않고 능력에 있음을 알아 행함으로 열매 맺게 하옵소서. 남에게 보이기 위한 껍데기 신앙을 과감히 버리게 하시고 날마다 순간마다 자신을 돌아보며 우리 주님 앞에 부끄러움 없이 설 수 있는 코람데오 신앙을 회복하게 하옵소서.

길과 진리 되시고 본이 되어주신 예수님의 이름으로 간절히 기도드립니다. 아멘.

주님을 갈망하는 마음 주소서

하나님이여 주는 나의 하나님이시라 내가 간절히 주를 찾되 물이
없어 마르고 황폐한 땅에서 내 영혼이 주를 갈망하며 내 육체가
주를 앙모하나이다
시편 63편 1절

나의 구원되시고 나의 생명이시며 나의 영광이신 살아계신 주님을 갈망합니다. 내 영혼이 목마름으로 주님을 사모하며 갈망합니다. 주님의 헤아릴 수 없는 십자가의 은혜를 사모합니다. 주님의 은혜가 아니면 주 앞에 설 자가 아무도 없을 것인데 많고 많은 사람 중에 우리 ○○이를 택하여 주시니 감사합니다.

주님을 사모하며 주님을 간절히 찾는 자가 주님을 만날 것이라 하신 말씀을 의지하여 기도드립니다. 우리 ○○이가 수험생 신분으로 메마르고 무디어진 심령에 성령의 단비를 내려주옵소서. 주님 안에 거하는 자에게만 참 만족이 있사오니, 일시적인 기쁨과 일시적인 만족에 안주하므로 시간과 인생을 낭비하고 실망하지 않도록 은총을 내려 주옵소서.

사랑의 주님! 우리 ○○이가 보이는 것에만 집착하고 만족을 얻으려는 어리석음을 깨닫게 하시고, 보이진 않지만 영원한 것을 추구하는 하늘의 지혜를 허락하옵소서. 목마름의 근원적인 해답이 되시고 생수의 근원이신 주님을 갈망하오니 우리의 마음 중심에 임하시옵소서.

메마른 대지에 봄비가 내리면 생명이 움터오듯이 수험생인 우리 ○○이의 심령이 성령으로 말미암아 소망이 불일 듯 일어나게 하옵소서. 안개와 미세먼지로 뒤덮인 하늘에 바람이 불어오면 청명한 하늘이 드러나듯이 성령의 바람으로 말미암아 답답하고 우울한 ○○이의 심령 깊은 곳까지 말씀으로 시원케 하옵소서.

사랑의 주님! 하나님을 향한 열정이 식어지면 자신은 물론 이웃에게 부담이 될 수 있음을 잘 압니다. 예전의 신앙 열정과 은혜만을 자랑하는 빈껍데기 신앙이 되지 않도록 주를 향한 갈망은 오히려 은총임을 고백합니다. 회복케 하시는 주여! 예전보다 더욱 새롭게 하여주시고 형언할 수 없는 주의 사랑과 십자가의 대속의 은총을 조금이라도 더 깊이 깨닫게 하옵소서. 우리 ○○이가 주님의 자녀 된 권세와 영향력을 발하게 하시어 오직 주님께만 영광을 돌리게 하옵소서.

예수님의 이름으로 간절히 기도드립니다. 아멘.

십자가를 바라보게 하소서

오히려 너희가 그리스도의 고난에 참여하는 것으로
즐거워하라 이는 그의 영광을 나타내실 때에 너희로
즐거워하고 기뻐하게 하려 함이라
베드로전서 4장 13절

사랑의 주님! 주님의 고난을 묵상하며 기도드립니다. 죄로 말미암아 죽어 마땅한 인생을 불쌍히 여기시고 구원하시려 고난의 길, 죽음의 길을 묵묵히 걸어가신 주님을 바라보며 묵상합니다. 우리 ○○이 앞에 놓인 수능시험이 아무리 힘들고 어려워도 주님을 바라보며 묵묵히 감당하도록 힘주시고 붙잡아 주옵소서.

주님은 수많은 병든 자를 고쳤고 죽은 자를 살리시며 파도를 잠잠케 하며 오병이어의 기적을 일으키신 주님이야말로 이스라엘 민족을 로마의 압제에서 구원할 메시아라고 이스라엘 백성들은 믿었습니다. 그렇게 호산나를 외치며 주를 반기던 수많은 사람들이 돌연 주님을 십자가에 못 박으라고 아우성입니다.

사랑의 주님! 무지하고 이기적이며 연약한 우리 ○○이의 마음을 붙잡아 주옵소서.

자신들의 생각과 방식으로 구원하실 것으로 기대 하였지만 막상 십자가로 향하시던 주님을 그들은 실망할 수밖에 없었습니다. 주님의 뜻은 사망에서 인류를 건져 내사 영원한 생명을 주시기 위함임을 영적 안목이 없는 백성들은 알지 못했습니다.

사랑의 주님! 우리 ○○ 이를 깨우쳐 주시고 우리의 뜻대로가 아니라 주님의 뜻이 우리에게 이루어지게 하옵소서.

사랑의 주님, 저희들도 이들과 다르지 않음을 고백합니다. 내 생각과 내 뜻대로 응답해 주기만을 바라고 당장 눈앞의 이익만을 추구하며 살았던 어리석은 저희들입니다. 저희들의 낮은 수준이 머무는 곳에도 주님이 함께하여 주시고 오래 참아주시니 감사합니다.

이렇게 미련하고 연약한 저희들 이지만, 반복되는 죄와 허물로 실망을 드린 저희들 이지만, 주님 앞에 나아가면 모든 것을 용서해 주시고 품어주시니 저희들 감사드릴 것 밖에 없습니다.

사랑의 주님! 우리 ○○ 이가 어떻게 하면 실망을 덜 드리고 조금 더 나은 수준으로 나갈 수 있을까요? 엎드려 간구하오니 은혜 주시고 불쌍히 여겨 주옵소서. ○○ 이가 때로는 억울한 고난을 당할 때에도 주님의 공급하시는 힘으로 장차 다가올 영광을 바라보며 선함으로 이기게 하옵소서. 주님의 말씀의 능력으로 ○○ 이의 마음과 생각을 다스려 주옵소서.

사망권세 이기신 예수님 이름으로 기도드립니다. 아멘.

하나님과 친밀하게 하소서

내 안에 거하라 나도 너희 안에 거하리라 가지가 포도나무에 붙어 있지 아니하면 스스로 열매를 맺을 수 없음 같이 너희도 내 안에 있지 아니하면 그러하리라
요한복음 15장 4절

사람을 사랑하시되 끝까지 사랑하신 주님!

오늘도 사랑하는 ○○이와 교제하기 위해 기다리고 계시는 줄 압니다. ○○이가 고3 수험생의 일상에 쫓겨 살아가느라 주님과의 교제를 소홀히 여기는 것을 용서하시고 긍휼히 여겨 주시옵소서.

모든 상황과 형편과 처지를 알고 계시는 하나님 아버지께서 ○○이의 생활을 다스려 주시길 간구 드립니다. ○○이가 하나님과 친밀히 교제함으로써 지치고 상한 마음에 회복의 역사가 있게 하옵소서.

○○이의 입술에서 나오는 말이 기도가 되게 하시고, 마음에서 하는 생각이 간구가 되게 하여 주옵소서. 주님과 합한 마음

이 되어 예수님 성품과 형상을 닮아가는 자가 되게 하옵소서.

주님은 ○○이에게 필요한 것이 무엇인지 아시오니 가장 좋은 스승이자 친구가 되어 주셔서 그 고민들을 친히 담당하여 주시길 간절히 원합니다. 그리하여 ○○이가 하나님 아버지를 주인으로 모셔드리고 매 순간마다 주를 의지하며 살게 하여 주옵소서.

하나님과의 교제를 통해 삶의 균형을 잡아가는 ○○이가 되기를 소망합니다. 분주한 하루 일정 가운데 가장 좋은 시간을 하나님께 먼저 올려드리게 하옵소서.

그러나 차마 시간을 내지 못하여 주님 앞에 무릎 꿇지 못할지라도 그 마음에 찾아가 주셔서 만나주시고 말씀으로 위로하여 주시며 힘을 더하여 주옵소서.

○○이를 세상 그 누구보다 사랑하시되 끝까지 사랑하시는 구원자 예수 그리스도의 이름으로 기도드립니다. 아멘.

성령의 열매를 맺게 하소서

보혜사 곧 아버지께서 내 이름으로 보내실 성령
그가 너희에게 모든 것을 가르치고 내가
너희에게 말한 모든 것을 생각나게 하시리라
요한복음 14장 26절

후히 베풀어 주시고 꾸짖지 아니하시는 주님!

우리에게 필요한 모든 것을 공급하시는 그 은혜에 감사드립니다. 하나님께서는 주의 뜻대로 무엇이든 구하는 자에게 넉넉히 부어주시는 분이시니 ○○이를 위한 간구에 응답하실 것을 믿고 기도드립니다.

○○이에게 성령의 은사를 허락하여 주시옵소서. 사람의 힘에 의지하지 않고 세상의 소리에 귀 기울이지 않는 성령의 사람이 되게 하여 주시길 원하옵나이다. 항상 영적으로 깨어있도록 밤낮으로 돌보아 주시길 간구 드립니다.

말씀으로 말씀하시는 성령 하나님의 음성을 우리 ○○이가 알아들을 수 있도록 듣는 귀와 보는 눈을 열어주시옵소서.

지금 이 시간 성령의 은사를 단비처럼 쏟아 부어주셔서 밝히 보고 깨달아 알게 하여 주옵소서.

○○이 자신은 물론이고 ○○이가 속한 학교와 학원과 친구들, 그리고 ○○이가 만나고 대하는 모든 사람들에게까지 성령의 은혜가 임하고 전해지게 하옵소서.

○○이를 통해 곳곳에서 성령의 열매가 주렁주렁 맺히게 되기를 간절히 소망합니다.

사랑의 주님! ○○이가 아침마다 새롭고 늘 새로운 하루하루를 살아갔으면 좋겠습니다. 성령님이 ○○이의 영혼과 육체를 직접 다스려주시고 만져주시어 주안에서 충만한 기쁨을 누리게 하여 주옵소서.

성령님의 능력과 도우심을 의지하며 구체적인 은사를 갈망하고 구하는 ○○이가 되기를 간구합니다. "내 이름으로 무엇이든지 내게 구하면 내가 행하리라" 말씀하신 주님 ○○이가 더욱 겸손한 사람으로 다듬어지고 주의 도구로 사용되기에 부족함이 없도록 능력으로 사로잡아주옵소서.

기도에 응답하실 예수 그리스도의 이름으로 기도드립니다. 아멘.

주일성수 하게 하소서

> 그러므로 형제들아 내가 하나님의 모든 자비하심으로 너희를 권하노니 너희 몸을 하나님이 기뻐하시는 거룩한 산 제물로 드리라 이는 너희가 드릴 영적 예배니라
> **로마서 12장 1절**

예배를 기뻐 받으시는 주님!

한량없이 죄인인 우리들을 예배자로 불러 주셔서 감사드립니다. 특별히 ○○이를 하나님의 자녀로 지명하여 주심이 얼마나 큰 은혜인지 모르겠습니다. ○○이는 지금 수험생으로서 중요한 시기를 보내고 있습니다.

○○이의 주일예배를 회복시켜 주셔서 매일의 삶에서 예배자로 살아가는 주님의 자녀가 되게 하옵소서. 가난한 심령으로 나아와 일주일 동안의 시름을 내려놓을 때 그 모든 짐을 받아주시옵소서.

천지를 창조하신 후 일곱째 날에는 모든 일을 마치시고 안식하신 하나님을 본받기 원합니다. 진정한 안식은 하나님 안에 거하며 예배함으로 영육을 회복하는 것임을 알게 하여 주옵소서.

교회 가서 예배드릴 시간에 공부를 한다 해도 하나님이 도와주시지 않으면 효과적이지 못하고 아무 소용이 없다는 것을 ○○이가 스스로 깨닫길 원합니다. 부모의 강요에 의해서 억지로 주일성수 하는 것이 아니라 자원하는 심령으로 교회에 발걸음하게 하옵소서.

○○이가 시간을 드리고 마음을 드려 영적 예배를 드릴 수 있게 되길 소망합니다. 그리하여 입술로만 하나님을 시인하는 것이 아니라 온 마음과 정성을 다해 하나님을 사랑할 수 있도록 도와주옵소서.

하나님 사랑하는 마음이 흘러 넘쳐 가족과 친구와 이웃에게도 그 사랑 베풀며 살아가는 삶 살아가게 되길 바라옵나이다. ○○이가 주일을 성수하는 것에만 그치지 않고 매 순간을 예배로 올려드리는 성숙한 신앙인이 되어 모든 믿는 자들의 모범이 되게 하옵소서.

예수 그리스도의 이름으로 기도드립니다. 아멘.

하나님 앞에 신실하게 하소서

> 또 주께서 주의 구원하는 방패를 내게 주시며 주의 오른손이 나를 붙들고 주의 온유함이 나를 크게 하셨나이다 내 걸음을 넓게 하셨고 나를 실족하지 않게 하셨나이다
> **시편 18편 35-36절**

사랑의 원천이며 공급자이신 하나님 아버지께 감사와 찬양 올려드립니다. 단 한 순간도 자녀에게서 눈을 떼지 않으시는 하나님의 따뜻한 시선을 느끼며 감사드립니다. 지금까지 ○○이를 붙드시고 인도하여 주셔서 강건하게 하심은 모두다 주님의 사랑과 은혜임을 고백합니다.

이토록 무조건적인 사랑을 베푸시는 주님께 제가 드릴 것은 마음밖에 없습니다. 부족하고 보잘 것 없지만 이 마음과 정성을 기뻐 받아주옵소서. 더욱 신실하고 진실하게 하나님 앞에 설 수 있기를 원합니다.

그 무엇보다, 그 누구보다 하나님이 가장 귀하다는 고백을 진심으로 올려드리는 자녀가 되게 하옵소서. 세상이 줄 수 없는 참 평안과 사랑이 하나님으로부터 나온다고 하셨으니 ○○

이가 그 평안과 사랑을 맛볼 수 있도록 허락해 주옵소서. 아직 믿음의 분량이 작아 배워가야 할 것이 많습니다. 하나님께서 더욱 세밀히 가르쳐 주시고 채워 주실 것을 기대하며 기도합니다. 더디고 서투르더라도 ○○이를 포기하지 마시고 붙잡아 주옵소서.

하나님을 무릎으로 만나 뵙는 그 시간이 방해받지 않도록 지켜주시길 원합니다. 주님과의 관계가 평생토록 변치 않고 이어지도록 도와주옵소서. 그리하여 훗날 자녀의 자녀들에게도 이 믿음의 유산을 남길 수 있게 해주옵소서.

언제까지나 함께하시고 동행하시는 주님!
자녀의 세상 친구들도 하나님을 만나서 주님과 교제하는 기쁨을 누렸으면 좋겠습니다. ○○이와 친구들이 믿음 안에서 함께 우정을 쌓아가며 하나님에 관한 이야기들을 나누게 되길 소망합니다.
나의 친구이신 예수 그리스도의 이름으로 기도합니다. 아멘.

성령의 은사를 부어 주소서

내가 이르노니 너희는 성령을 따라 행하라 그리하면 육체의 욕심을 이루지 아니하리라 육체의 소욕은 성령을 거스르고 성령은 육체를 거스르나니 이 둘이 서로 대적함으로 너희가 원하는 것을 하지 못하게 하려 함이니라
갈라디아서 5장 16-17절

살아계신 하나님 아버지!

구하면 주시고 찾으면 찾아주시고 문을 두드리면 열어주시는 성령님을 간구합니다. 놀라운 일을 행하실 성령님의 무한한 능력을 기대하며 초대합니다. 우리 마음 가운데 임하시어 변함없으신 하나님의 사랑과 십자가 대속의 은혜를 깊이 깨닫게 하시고 그 능력으로 충만하게 하옵소서.

"나를 믿는 자는 성경에 이름과 같이 그 배에서 생수의 강의 흘러 나오리라" 말씀하신 주님. 거칠고 메마른 자녀의 심정을 성령님은 잘 알고 계십니다. 마르지 않는 생수같이 ○○ 이를 성령으로 흠뻑 적셔주시고 그 영혼 깊숙이 영원히 샘솟게 하옵소서.

성령의 은사를 ○○이에게 부어주옵소서. 먼저 지혜와 지식의 은사를 허락하소서. 공부하는 자녀에게 가장 필요한 것이 지혜이고 지식입니다.

지혜의 성령님, 지식의 성령님! ○○이가 모르는 것을 말씀을 통해 세밀하게 가르쳐 주시고 깨닫게 해주시길 간구합니다. 그보다 더욱 갈망하는 것은 믿음의 은사입니다. 하나님을 믿는 믿음이 흔들리면 자신감을 잃어버리고 미래에 대한 확신까지도 사라져 버리기 때문입니다. 믿음의 은사가 고갈되지 않도록 성령님 도와주셔서 하나님만 붙들고 나아가게 하옵소서.

○○이에게 나타나는 성령님의 은사로 인해 하나님의 이름을 높이고 찬양하게 하옵소서. 주신 은사에 합당한 성령의 열매를 맺게 해주세요. 사랑과 희락과 화평과 오래참음과 자비와 양선과 충성과 온유와 절제의 열매를 맺게 해주세요.

사랑의 주님 우리 ○○이가 기도로 간구하고 고백한 것들이 실상이 되어 성령의 열매로 맺혀질 수 있도록 도와주옵소서.

지금도 일하시는 성령 하나님께 감사드리며 예수 그리스도의 이름으로 기도드립니다. 아멘.

유혹과 욕심을
이기게 하소서

너희는 유혹의 욕심을 따라 썩어져 가는 구습을 따르는 옛 사람을
벗어 버리고 오직 너희의 심령이 새롭게 되어 하나님을 따라 의와
진리의 거룩함으로 지으심을 받은 새 사람을 입으라
에베소서 4장 22-24절

우리의 앉고 서는 것을 아시는 주님!

모든 것을 통찰하시는 하나님 아버지께 우리의 연약함을 내려놓고 기도합니다. 인간은 하루에도 몇 번씩 △△의 유혹을 받습니다. 친구들과 어울리고 싶은 마음이 잘못은 아니지만 수험생의 신분이기에 절제해야 되고 본질에 충실해야 함에도 그렇게 행동하지 못할 때가 종종 있습니다. 때로는 ○○이가 자신의 행동을 숨기기 위해 거짓말까지 하며 스스로를 합리화 시키는 경우도 있습니다. 뒤늦게야 후회하며 자책도 하지만 결단하지 못하고 악순환이 이어지는 것 같습니다. 사랑의 주님, 떨치려는 노력도 해보지만 ○○이 혼자 힘으로는 감당하기 어렵습니다. 지금 ○○이에게는 하나님의 도우심이 간절히 필요합니다.

우리 ○○이에게 영적 분별력을 심어주시길 원합니다. 어떤 행동을 결정하기 전에 하나님의 관점에 비추어서 판단하고 움직이게 해주세요. 하나님이 기뻐하시는 것이 무엇인지 깊이 생각하고 분별하여 행동을 결정하는 신중함을 갖게 해주세요.

하나님 뜻에 합당한 것이 아니라면 친한 친구가 권유하더라도 거절할 수 있는 용기를 주세요. 사탄에게 세 번의 유혹을 받으셨지만 단호히 물리치신 예수님을 본받아 눈앞의 달콤함을 물리쳐 이기게 하여 주옵소서. 유혹이 찾아올 때마다 요동하지 않는 자녀가 되도록 ○○이의 마음과 생각을 지켜주시길 소망합니다. 무엇보다 스스로를 다스릴 수 있는 지혜와 담대함, 그리고 결단력을 허락해 주세요.

예수 그리스도의 이름으로 명하노니 ○○이를 미혹시키는 △△의 영은 ○○이에게서 떠나가라! 나사렛 예수의 이름으로 명하노니 자녀를 넘어지게 하는 사탄은 물러가라! 묶음을 받을지어다. 예수님의 권능으로 담대히 선포할 수 있게 해주셔서 감사드립니다.

나의 힘이시고 능력이신 예수 그리스도의 이름으로 기도합니다. 아멘.

예배자로 바르게
세워주소서

> 아버지께 참되게 예배하는 자들은 영과 진리로 예배할
> 때가 오나니 곧 이 때라 아버지께서는 자기에게 이렇게
> 예배하는 자들을 찾으시느니라 하나님은 영이시니
> 예배하는 자가 영과 진리로 예배할지니라
> **요한복음 4장 23-24절**

영과 진리의 하나님 아버지!

이 시간 ○○이가 인간적인 마음을 내려놓고 기도하기 원합니다. 수험생이 되면서부터 누구나 시간에 쫓기게 되고 크고 작은 불안한 마음을 갖게 됩니다. 하지만 ○○이가 공부해야 할 시간이 부족하다는 생각에 불안한 마음으로 하나님을 바라보기보다 환경과 상황을 의지하며 이기주의와 자기 합리화에 편승하고 있음을 깨닫게 하여 주옵소서. 시간이 아깝다는 이유로, 몸이 피곤하다는 엄살로, 바쁘다는 핑계로 주일예배에 나가는 것을 불평했던 자신을 바라보고 회개하게 하여 주옵소서. 자신의 어리석음과 연약함을 내려놓고 용서를 구하며 돌이키게 해주세요.

○○이가 일주일 동안 학교와 학원을 다니면서 많은 스트레

스를 받는 것을 하나님은 아시지요? 하지만 "수고하고 무거운 짐 진 자들아 다 내게로 오라 내가 너희를 쉬게 하리라" 하신 주님의 말씀으로 인하여 ㅇㅇ이가 위로와 참된 쉼을 얻게 하옵소서. ㅇㅇ이의 학업의 짐을 맡아주실 것을 온전히 신뢰하며 하나님만 잠잠히 바라보고 찬양하게 하옵소서. ㅇㅇ이가 예배의 자리에서 하나님을 찬양함으로 기쁨이 샘솟고, 말씀을 들음으로 영혼이 정화되고 소망이 넘치게 해주세요.

하나님께 마땅히 드려져야 할 주일예배만큼은 ㅇㅇ이가 그 어떤 것과도 타협하지 않도록 도와주시고 힘을 주옵소서. 사랑의 주님 우리 ㅇㅇ이가 주님을 바라보며 순종하게 하시고 결단하고 선포한 것을 잘 지킬 수 있도록 도와주옵소서. 예배를 드리러 가고자 하는 ㅇㅇ이 마음의 결단이 방해받지 않고 유혹을 넉넉히 이기도록 친히 붙드시고 지켜주시길 간절히 기도하고 원합니다.

주일예배가 영적인 재충전이 이뤄지는 시간이 되도록 축복해 주세요. 일주일 중 단 하루인 안식일이 그 어떤 날보다 가장 기쁨으로 충만한 날이 되길 간절히 소망합니다.
우리 삶의 주인 되시는 예수 그리스도의 이름으로 기도합니다. 아멘.

겸손함의 지혜를
배우게 하소서

너는 마음을 다하여 여호와를 신뢰하고 네
명철을 의지하지 말라 너는 범사에 그를
인정하라 그리하면 네 길을 지도하시리라
잠언 3장 5-6절

사랑과 은혜가 충만하신 하나님 아버지!

겸손한 마음으로 하나님 앞에 무릎 꿇고 기도드립니다. 먼저 성령 하나님의 임재를 간절히 간구합니다. 이 시간 기도할 때에 우리의 완악하고 교만한 마음을 다듬어 주옵소서. 수험생 기간 동안 힘써 기도하지 못한 것을 긍휼히 여겨주시고 예수 그리스도의 보혈로 씻으시고 새롭게 해주옵소서.

○○이가 그동안 시험을 준비하기 위해 최선을 다했으나 이것이 자만이 되지 않기를 소망합니다. 인간의 힘으로 쌓아둔 지식과 실력이 우리의 의가 될 수 없음을 깨닫게 하여 주옵소서. 혹시라도 자만하는 마음으로 치명적인 실수를 범하지 않도록 ○○이의 마음과 생각을 지켜주옵소서. 거룩한 긴장감을 가지고 이번 시험을 하나님께 의지하여 치르도록 도와주옵소서.

아는 문제를 풀 때에 자만하는 마음으로 실수하지 않도록 겸손하게 붙잡아 주시길 원합니다. 한 문제 한 문제를 대할 때 기도하는 마음으로 지혜를 구하며, 최선을 다하고 집중하여 시험에 임하게 하옵소서.

○○이는 부족하고 연약하지만 하나님의 은혜로 지혜를 더하여 주시고 명철함으로 채워주옵소서. 요행을 바라고 행운을 바라는 마음자세를 버리게 하시고, ○○이가 부족한 것을 스스로 깨달아 알게 하셔서 앞으로의 인생에 밑거름을 삼을 수 있는 성숙한 마음자세를 가지게 해주옵소서.

○○이가 공부하고 열심을 내는 모든 것이 자기 개인만을 위한 것만이 아니라 하나님의 나라를 위한 거룩한 소원이 되길 간절히 소망하며 간구 드립니다.

그 무엇보다 ○○이에게 더욱 성령의 능력과 지혜를 부어주셔서 무슨 일을 하든지 주님 앞에서 하듯 겸손하며 진실할 수 있도록 도와주옵소서. 이번 시험의 결과를 자신의 노력과 실력에만 의지하지 않게 하시고, 하나님의 섭리와 인도하심을 사모하며 나아가게 하시고, 주님과 언제까지나 동행하는 은총을 우리 ○○이에게 허락하여 주옵소서.

우리의 삶을 온전히 주님께 의탁하오며 예수 그리스도의 이름으로 간절히 기도드립니다. 아멘.

교우관계가
원만하게 하소서

> 무릇 더러운 말은 너희 입 밖에도 내지 말고 오직 덕을 세우는 데
> 소용되는 대로 선한 말을 하여 듣는 자들에게 은혜를 끼치게 **하라**
> 하나님의 성령을 근심하게 하지 말라 그 안에서 너희가 **구원의**
> 날까지 인치심을 받았느니라
> **에베소서 4장 29-30절**

길이요 진리요 생명 되시고 우리의 친구 되시는 하나님 아버지! 하나님의 친절하고 친밀하신 성품을 찬양하며 감사드립니다. 우리 ○○이와 동행하시며 선한 길로 인도해 주시며 ○○이의 작은 기도와 입술의 고백을 들어주시는 세밀하신 하나님의 성품을 찬양 드립니다.

하나님 아버지!

수험생 기간은 유난히 외롭고 지치는 시기입니다. 시험을 앞두고 공부하며 긴장 가운데 있는 ○○이에게 좋은 친구를 허락해 주옵소서. 친구와의 교제를 통해 마음의 고통과 답답함을 조금이나마 덜어내고 위로와 안식을 얻게 되길 소망합니다. 친구와 소통하고 나누는 가운데 깊은 우정을 쌓게 하시고 더욱 구체적인 사랑을 배울 기회를 허락하여 주옵소서.

하나님 아버지!

요즘 세상이 흉흉하고 타락하였습니다. 이 땅의 많은 청소년들이 거리에서 방황하고 유혹에 노출되기 쉬운 음란하고 타락한 세대를 살아가고 있으나 ○○이는 이 땅에 빛 되신 그리스도 안에 속한 사람으로 주님의 보호를 받고 빛 가운데 거하게 하옵소서.

○○이의 마지막 청소년기가 아름답게 빛나도록 믿음의 친구들을 붙여주시길 원합니다. 다니엘의 세 친구처럼 철저히 하나님의 법과 성령을 따르며 우정을 나누게 하옵소서.

○○이가 마지막 청소년기를 보내는 동안에 친구들과 좋은 추억을 많이 만들길 소망합니다. 한번 흘러가면 되돌릴 수 없는 황금기를 보내고 있음을 기억하며 매 순간을 뜻 깊은 시간으로 보내게 하옵소서. ○○이에게 좋은 친구가 되어주는 이들에게 ○○이도 친절과 사랑을 베풀어서 그리스도인의 선한 영향력을 끼치며 살게 하옵소서.

예수 그리스도의 이름으로 기도드립니다. 아멘.

사제관계가
원만하게 하소서

> 누구든지 네 연소함을 업신여기지 못하게 하고 오직
> 말과 행실과 사랑과 믿음과 정절에 있어서 믿는 자에게
> 본이 되어 내가 이르기까지 읽는 것과 권하는 것과
> 가르치는 것에 전념하라
> **디모데전서 4장 12-13절**

빛과 진리 되시며 우리의 스승이시고 인도자 되신 하나님 아버지!

우리의 갈 길을 밝히 보이시고 인도해 주시는 하나님을 찬양합니다. 특별히 주님께서 우리 ○○이의 선생님이 되어주셔서 언제나 선한 길로 인도해 주시니 감사드립니다. 그동안 ○○이가 자라는 동안 여러 좋은 선생님들을 만나서 배우고 장성할 수 있었던 것은 모두 하나님의 은혜입니다. 이제 ○○이가 수험생으로 보내는 이 기간 동안 더욱 큰 은총을 베풀어 주시옵소서.

사랑의 주님! ○○이가 어디로 가든지 좋은 선생님을 만날 수 있는 만남의 복을 허락해 주옵소서. ○○이가 올 한해 만나는 선생님들과의 관계 가운데 함께 하셔서 모두 복된 만남이 되게 하시고 서로에게 기쁨이 되는 관계가 되게 하옵소서. 학교 선생님은 물론이고 학원 선생님과 과외 선생님, 인터넷과 텔레비전으로 공부할 때 만나는 선생님, 그리고 교회에서 만나는 선생님까지 ○○이를 지도하는 모든 선생님들을 축복하여 주옵소서.

하나님을 아는 지식이 깊고 풍부하며 하나님을 경외하는 교사이길 소망합니다. 또한 하나님의 말씀에 기초한 교육철학으로 ○○이를 가르치는 교사이길 간구 드립니다.

특별히 ○○이의 약점을 발견하였을 때는 부족한 부분을 지혜로 격려하고 채워주며, 장점을 발견했을 때는 칭찬으로 용기를 북돋아 줄 수 있는 통찰력 있는 선생님을 만나게 하옵소서. 그리하여 시간을 낭비하지 않고 효율적으로 공부에 열중할 수 있도록 도와주옵소서.

실력 있고 인격이 좋은 선생님을 만나도록 은혜를 베풀어 주옵소서. 그리하여 공부 뿐 아니라 영성과 감성과 인성 모두 좋은 영향을 받게 하옵소서.

예수 그리스도의 이름으로 기도드립니다. 아멘.

수험생에게 힘이 되는 말

힘든 수험생활을 잘 참고 견뎌온 자녀를 자랑스럽게 생각한다는 점을 표현해 주는 것이 좋다. 시험공부에 매달려 고생한 자녀들은 부모의 따뜻한 정을 느끼게 되고, 안정된 마음으로 시험에 임할 수 있을 것이다.

· 자녀의 건강부터 챙겨라
수험생들은 늘 긴장상태에 있기 때문에 바람이 차가워지는 가을이 되면 추위를 많이 탄다. 그러므로 자녀가 감기에 걸리지 않도록 보온에 신경을 써야 하고 건강을 챙기는 부모의 따뜻한 한마디는 자녀의 마음을 감동시킨다.

· 실수만 하지마라
수능이 중요한 시험이라는 사실은 누구보다 수험생들이 잘 알고 있을 것이다. 그동안 충분히 잘 해왔으니 자신감을 가져도 좋다. 실수만 하지마라. 라고 격려하는 것이 좋다. 비록 높은 성적, 좋은 등급을 받지 못하더라도 최선을 다한 점을 인정해 주는 것이 좋다.

· 결과보다 과정이 중요하다
시험 결과만 지나치게 강조하면 자녀에게 심리적 압박감을 준다. 결과보다는 시험을 치르는 과정 자체에 집중할 것과 최선을 다하면 합력하여 선을 이루어 주실 것을 강조하고 격려해 주는 것이 좋다.

· 준비물을 잘 챙겨라
수험표와 신분증 필기구 등 고사장에 반드시 가져가야 할 필수 준비물이 있다. 전자기기처럼 절대 가져가지 말아야 할 물건도 있다. 긴장한 수험생들이 어이없는 실수로 불이익을 받지 않도록 꼼꼼히 챙겨주고 살펴주는 것이 좋다.

6부

자녀의 건강과 지혜를 위한 기도

좋은 만남을
허락 하소서

이를 위하여 너희가 부르심을 받았으니 그리스도도
너희를 위하여 고난을 받으사 너희에게 본을 끼쳐 그
자취를 따라오게 하려 하셨느니라
베드로전서 2장 21절

언제나 우리를 사랑하시는 주님, 이 시간 주님의 은혜를 생각하며 감사와 찬송을 올려드립니다. 지난날을 돌이켜보면 모든 것이 주님의 은혜요 주님의 인도하셨음을 고백하지 않을 수 없습니다. 부족하고 연약해도 저의 인생을 붙드시고 인도하신 것처럼 우리 OO이의 인생에도 주님이 동행하여 주시고 함께해 주실 것을 믿습니다.

지금 어렵고 힘들지만 중요한 시기를 우리 OO이가 지나고 있습니다. 걸음걸음마다 숨 쉬는 순간마다 주님의 돌보심과 은혜가 필요하오니 하늘의 위로와 소망으로 충만케 하옵소서. OO이가 지치고 힘들 때 주님을 구하고 찾으면 만나주시고 지혜를 구하면 명철을 허락하여 주옵소서.

사랑의 주님! 인생은 누구를 만나느냐에 따라 많은 영향을 받습니다. 청소년기의 자녀들은 부모의 말보다 친구나 동료들의 말에 더 귀를 기울입니다. 우리 ○○이가 좋은 친구를 만나고 좋은 선생님을 만나게 도와주옵소서. 힘든 시기를 지나갈 때 함께할 수 있는 좋은 친구와 인생의 올바른 방향을 제시해줄 친구 같은 스승을 만나게 하옵소서.

사랑의 주님! 친구나 스승이나 부모, 어느 누구에게도 고민을 털어놓지 못하고 아무도 도움이 되지 못할 때 ○○이가 주님 앞에 나아가 엎드려 아뢰게 하옵소서. 주님은 들으시고 만나주시며 힘과 소망을 주옵소서.

사랑의 주님! 힘들고 어려움 당할 때 어둠의 세력은 쉽고 넓은 길로만 인도하며 달콤한 유혹으로 포기 하도록 만듭니다. 우리 ○○이가 절대로 속지 않게 하시고 포기하지 말고 정면으로 부딪히고 인내하여 그 열매를 얻도록 도와주옵소서.

십자가를 담당하사 우리를 구원하신 예수님 이름으로 간절히 기도드립니다. 아멘.

좋은 멘토를 만나게 하소서

우리가 너희 믿음을 주관하려는 것이 아니요
오직 너희 기쁨을 돕는 자가 되려 함이니 이는
너희가 믿음에 섰음이라
고린도후서 1장 24절

가장 좋은 친구이시며 스승이신 주님!

지금 이 시간에도 ○○이와 함께 해주셔서 감사합니다. 하나님께서는 ○○이가 무슨 생각을 하며 어떤 고민을 가지고 있는지 세밀히 아십니다. 소망하옵기는 ○○이에게 가장 합당한 사람을 멘토로 붙여주시길 바라옵나이다. 하나님께서는 사람을 통해 일하시는 분이시오니 가장 좋은 때에 가장 좋은 방법으로 가장 좋은 사람을 ○○이의 멘토로 만나게 하실 줄 믿습니다.

○○이는 청소년기의 마지막 때이자 가장 중요한 시기를 보내고 있습니다. 어떤 사람을 만나 교제하느냐에 따라 인생이 바뀌기도 하는 중대한 때입니다.

하나님의 자녀인 ○○이가 그릇된 길에 접어드는 것을 주님께서도 원치 않으시는 줄 압니다. ○○이가 혼자서 해결할 수 없는 문제와 고민들을 나눌 수 있도록 사람을 보내 주옵소서. ○○이에게 붙여주신 멘토가 ○○이와 친밀한 교제를 나누며 깊은 속내를 꺼내 보일 수 있는 관계가 되게 하옵소서.

○○이의 멘토가 하나님의 뜻대로 행하는 철저한 믿음의 사람이길 소망합니다. 믿음이 흔들리거나 확신을 잃었을 때 말씀과 기도로 이끌어 줄 수 있는 영성 깊은 자를 ○○이의 멘토로 허락하여 주옵소서. 그가 ○○이의 평생에 동역할 수 있는 친구이자 의지할 수 있는 영적 지도자로서 언제나 동행할 수 있게 하옵소서.

○○이의 멘토를 통하여 하나님이 행하실 일들을 기대합니다. 믿음 안에서 이루어진 두 사람의 관계를 통하여 영광 받으시옵소서.

이 모든 소망을 이루어주실 예수 그리스도의 이름으로 간절히 기도드립니다. 아멘.

뇌의 지능과 학습 능력을 높여 주소서

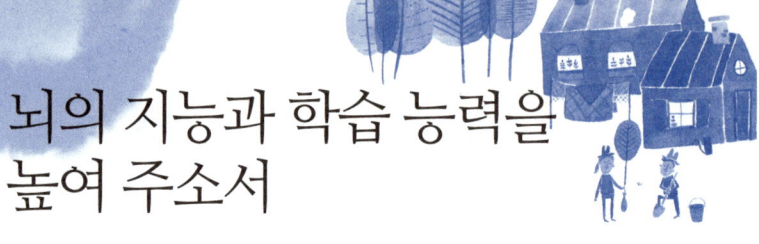

거만한 자를 책망하지 말라 그가 너를 미워할까 두려우니라 지혜
있는 자를 책망하라 그가 너를 사랑하리라 지혜 있는 자에게
교훈을 더하라 그가 더욱 지혜로워질 것이요 의로운 사람을
가르치라 그의 학식이 더하리라
잠언 9장 9-10절

　　세상만물을 창조하시고 인간을 만드신 하나님 아버지 영광과 찬양을 받으시옵소서. 사랑하는 우리 ○○이가 여러 분야의 공부를 배우고 익힐 때 뇌가 활성화되고 뇌세포가 골고루 발달하게 도와주옵소서. 주님의 능력의 손으로 안수하사 뇌의 지능이 뛰어나게 하시고 학습하는데 부족함이 없도록 도와주옵소서. 천재들의 뇌도 부여하신 지능의 일부분만을 사용한다고 들었습니다.

　　우리 ○○이가 주님의 특별하신 은총으로 학습할 때 깊은 사고력을 허락하여 주시고 논리적인 지능과 창의적인 능력이 배가될 수 있도록 권능으로 역사하여 주옵소서. 생각하는 것이나 구하는 것을 넘치게 하시는 하나님, 우리 ○○이가 지혜의 근원 되시는 주님을 간절히 찾고 가까이 하게 하옵소서. 주님의 주신 지혜로 말미암아 학습의 능률이 향상되게 하시고 기억력을 높여주셔서 성과를 높이는 공부가 되게 하여 주옵소서.

사랑의 주님! 우리 ○○이에게 탁월한 이해력을 주시고 분명한 학습의 목적을 알아 준비 되어 쓰임 받기에 부족함이 없도록 도와주옵소서. 주님! 배운 지식들이 지식으로만 머무르지 않고 주님께서 응용력을 높여 주셔서 적절하게 사용되게 하옵소서.

사랑의 주님! 똑같은 사건이나 사물을 보고도 각각의 보는 눈이 다르고 생각이 다릅니다. 우리 ○○이에게 하나님의 말씀의 가치에 따라 올바른 분석력과 해석 능력을 더하여 주시기를 간절히 간구합니다. 지금까지의 고정관념을 탈피하고 다각도로 생각할 수 있는 통합적인 사고력을 높여 주셔서 하나님의 깊은 것까지 깨닫는 영적 안목을 허락하여 주옵소서.

사랑의 주님! 이 모든 것을 열매 맺게 하시고 감당하기에 부족함이 없도록 인내심을 높여주시고 영육간에 특별한 건강을 허락하여 주옵소서.

모든 지식과 지혜의 근원이신 예수님의 이름으로 기도드립니다. 아멘.

끝까지 붙잡아 주소서

사무엘이 돌을 취하여 미스바와 센 사이에 세워
이르되 여호와께서 여기까지 우리를 도우셨다
하고 그 이름을 에벤에셀이라 하니라
사무엘상 7장 12절

사랑의 주님! 오늘도 새로운 하루를 시작합니다. 너의 하나님 여호와가 너의 가운데에 계시니 그는 구원을 베푸실 전능자이시라 그가 너로 말미암아 기쁨을 이기지 못하시며 너를 잠잠히 사랑하시며 너로 말미암아 즐거이 부르며 기뻐하시리라. 예언자 스바냐 선지자의 찬양과 고백이 우리 ○○ 이의 심령을 충만하게 하옵소서.

죄와 절망 가운데 빠진 저희를 구원하시고 눈동자 같이 살피시며 기뻐하시는 주님의 은혜를 마음깊이 감사드립니다. 구원의 주님! 야곱의 자손들이 돌기둥 열두 개를 세우고 애굽 군대의 칼에서 구원하신 주님을 기념한 것처럼 우리 ○○ 이 마음의 심비에 주님의 십자가의 흔적을 새겨주옵소서.

구원의 주님! 일본의 억압에서 우리나라를 해방 시켜주시고 전쟁의 상처와 아픔을 싸매어 주시며 굶주림과 질병에서 구원하신 은혜를 이 백성들이 잊지 않게 하옵소서. 어려운 악조건과 자원이 부족한 나라를 들어 세계열강들과 어깨를 나란히 하도록 은총을 베푸신 주님을 찬양 드립니다. 우리 ㅇㅇ이가 하나님을 경외하게 하시고 주님이 주시는 지혜로 말미암아 크게 쓰임 받는 자녀로 성장하게 하옵소서.

사랑의 주님! 잘못된 문화와 전통으로 찌든 이 백성에게 목숨 걸고 복음을 전한 선교사들의 희생을 감사드립니다. 이 복음은 모든 믿는 자에게 구원을 주시는 하나님의 능력임을 믿습니다. 에벤에셀의 하나님! 나의 나 된 것은 오직 주님의 은혜임을 고백 드립니다.

우리 ㅇㅇ이가 머리가 좋고 공부를 잘해서만도 아니요. 돈 많은 부모를 만나서도 아니요. 피땀 흘려 노력한 대가만도 아니요. 오직 주님의 은총임을 고백하며 주님께 영광 돌리게 하옵소서. 오 주여! 한없는 은혜를 저희들이 어떻게 보답할 수 있겠습니까?

육으로 난 것은 육이요 영으로 난 것은 영이라 하신 주님, 성령으로 우리 ㅇㅇ이를 새롭게 하시고 자녀 삼아주심을 감사드립니다. 물질적인 풍요를 넘어 주님의 사랑으로 충만하게 하옵소서. 성령의 능력으로 충만하게 하셔서 주님의 위대하심을 선포하며 찬양하게 하옵소서.

거룩하신 예수님의 이름으로 간절히 기도드립니다. 아멘.

힘들어도
이겨내게 하소서

> 너는 알지 못하였느냐 듣지 못하였느냐 영원하신 하나님
> 여호와, 땅 끝까지 창조하신 이는 피곤하지 않으시며
> 곤비하지 않으시며 명철이 한이 없으시며 피곤한 자에게는
> 능력을 주시며 무능한 자에게는 힘을 더하시나니
> **이사야 40장 28-29절**

언제나 우리와 함께 하시길 기뻐하시는 주님 감사합니다. 수능을 준비하며 힘들어 하고 밤이 늦도록 공부에 매달리는 ○○이를 볼 때 안쓰럽고 미안합니다. 사랑의 주님 무슨 말로 위로해 주어야할지 하나님의 도우심을 구합니다.

그래 잘하고 있어 조금만 참자, 힘들면 잠시 쉬었다 하거라, 엄마가 깨워줄게 잠을 좀 자고 하자꾸나, 너무 무리하면 역효과 날 수 있단다, 이 말 밖에 부모로써 해줄게 없습니다.

사랑의 주님! 우리 ○○이를 도와주옵소서.

최선을 다하게 하시되 무리하지 않게 하시고, 엉덩이가 무거운 사람이 이긴다고 하는데 감당할 수 있는 체력과 지혜를 주옵소서. 사랑의 주님 무엇보다 억지로가 아닌 배워가는 즐거움을 허락하여 주옵소서.

사랑의 주님! 우리 ○○이가 주님이 주신 재능을 깨닫게 하시고 그 능력을 발휘하기 위해서 기초를 다지고 초석을 세우는 밑바탕을 굳건히 하게 하시고, 가야할 길을 걸어가기에 부족함이 없도록 은총을 베풀어 주옵소서.

하나님이 기뻐하시는 뜻을 너희로 소원을 두고 행하게 하시는 주님, ○○이의 마음의 소원이 더욱 선명하게 하시고 마음의 열정으로 가득하게 하옵소서. 때로는 힘들어서 포기하고 싶을 때 십자가의 주님을 바라보게 하시고 무릎으로 주님께 나아가게 하옵소서.

오직 성령의 힘주심과 위로가 넘치게 하옵소서.

사랑의 주님! 우리 ○○이가 하나님이 쓰시기에 합당한 그릇이 되도록 성결하게 하옵소서. 이웃을 배려하고 사랑하는 마음과 온유하고 겸손함을 예수님을 통하여 배우게 하시고 오직 주님께만 영광을 돌리게 하옵소서.

선한 목자이신 예수님의 이름으로 기도드립니다. 아멘.

최선을 다하게
하소서

눈물을 흘리며 씨를 뿌리는 자는 기쁨으로
거두리로다 울며 씨를 뿌리러 나가는 자는 반드시
기쁨으로 그 곡식 단을 가지고 돌아오리로다
시편 126편 5-6절

날마다 우리의 짐을 져주시는 하나님을 찬양하며 감사드립니다. 사랑하는 ○○이가 고3 수능을 앞두고 열심히 공부를 하고 있습니다. 후회함이 없도록 최선을 다하게 하시고 초조함이나 불안감을 떨쳐버리게 도와주옵소서.

다른 친구들은 열심히 공부하는데 자신만 성과가 나지 않는다고 조급해하지 않게 하시고 마음의 중심을 보시는 하나님과 자신에게 최선을 다하게 하옵소서.

우리 ○○이가 땀 흘려 노력한대로 좋은 결과를 바라며 인내하게 하옵소서. 힘들고 무거운 짐이라도 피할 수 없는 누구나 겪는 길이오니 자신감을 가지고 나아가게 하옵소서.

주님, 때로는 마음이 약해져서 자신을 자책하며 우울할 때도 믿음의 주요 온전케 하시는 하나님을 바라보게 하옵소서.

주여, 배움의 시기에 흘리는 땀과 눈물은 훗날 기쁨의 노래를 부르며 아름다운 열매로 보상받을 것을 믿습니다. 혹시라도 친구와 이성 관계로 인하여 헛되이 시간을 낭비하지 않게 하시고 서로 격려하고 힘이 되어주는 선의의 경쟁과 아름다운 우정으로 발전하게 도와주시옵소서.

매일 반복되는 힘든 일상이지만 젊은 날의 고생과 경험들이 미래의 삶을 지탱해 주는 버팀목이 될 것을 믿으며 인내하도록 도와주옵소서.

하나님, 우리 ○○ 이에게 넉넉하고 풍요로운 마음을 주셔서 당당하고 슬기롭게 수능대비를 잘할 수 있도록 도와주옵소서.
예수 그리스도 이름으로 기도 드립니다. 아멘.

하나님을 아는
지혜를 주소서

너희로 하여금 모든 신령한 지혜와 총명에 하나님의
뜻을 아는 것으로 채우게 하시고 주께 합당하게 행하여
범사에 기쁘시게 하고 모든 선한 일에 열매를 맺게
하시며 하나님을 아는 것에 자라게 하시고
골로새서 1장 9-10절

지혜의 근본이 되시는 하나님 아버지!

사랑하는 ○○ 이에게 하나님을 아는 지식을 성령으로 깨우쳐 주옵소서. ○○ 이는 사람의 자녀이기 이전에 하나님의 자녀이기에 세상 지식을 우선으로 삼기보다 하나님 아버지를 아는 지식을 먼저 구하며 힘쓰게 하여 주옵소서.

세상의 모든 지식을 얻어도 하나님을 아는 지식이 없으면 아무 소용이 없음을 ○○ 이 스스로가 깨닫게 하옵소서. 먼저 ○○ 이가 날마다 하나님의 은혜를 사모하고 하나님의 말씀을 주야로 묵상하는 자로 살게 하옵소서.

입시 준비 때문에 바쁘다는 이유로 성경말씀을 멀리하지 않게 하시고 지치고 낙심될 때에 성경말씀을 통해 새 힘을 얻을 수 있게 하옵소서.

주님의 말씀을 묵상할 때에 깨달아 아는 지혜를 주시고 하나님을 아는 열심을 ○○이에게 부어주옵소서. 모든 지혜와 지식의 근본이 하나님께 있음을 고백합니다.

○○이가 하나님을 아는 지혜가 충만해질수록 학업을 수행함에도 동일한 지혜가 부어지게 하셔서 하나님께 영광을 돌려드리는 귀한 자녀가 되게 하옵소서.

그리하여 수험생으로 보낸 이 기간이 지식을 쌓는 과정이 될 뿐 아니라 하나님을 아는 지혜가 깊어지고 하나님과 교제하는 영성이 깊어지는 시기가 되게 하옵소서. 세상의 지혜와 지식을 넉넉히 감당할 만한 영성을 허락하여 주시고 아름다운 성품을 허락해 주옵소서.

훗날에 세상에 나갔을 때 어디를 가서 무엇을 하든지 여호와로 인하여 승리하는 믿음의 삶을 살도록 ○○이를 도와주옵소서.

우리의 머리가 되시는 예수 그리스도의 이름으로 기도드립니다. 아멘.

우울증을 이기게 하소서

주의 종에게 하신 말씀을 기억하소서 주께서 내게
소망을 가지게 하셨나이다 이 말씀은 나의 고난 중의
위로라 주의 말씀이 나를 살리셨기 때문이니이다
시편 119편 49-50절

여호와 샬롬, 평강의 하나님을 찬양합니다. 만물에 충만한 주님의 평안과 사랑에 감사하며 영광 올려드립니다.

하나님 아버지 우리 ○○이의 평안을 간절히 바라는 마음으로 중보합니다. ○○이가 사춘기에 접어든 뒤 사춘기 우울증을 겪고 있습니다. 쉽게 낙심하며 기운을 차리지 못합니다. 공부는 물론이고 친구관계나 교회활동이나 가정생활에서도 즐거움을 얻지 못하는 것 같습니다. ○○이가 정서적으로 안정을 얻지 못한 후로는 건강도 약해졌고 마음도 여려져서 제가 어떻게 도와주어야 할지 모르겠습니다. ○○이의 힘없는 모습을 볼 때 부모 된 저로서 각별한 관심과 사랑을 베풀지 못했다는 자책이 들고 가슴이 아픕니다.

하나님 아버지! 우리 ○○이에게 참된 평안을 허락하시고 샘

솟는 기쁨을 회복하여 주옵소서. 자신의 비전과 재능을 발견하고 능동적으로 자신의 삶을 준비할 수 있도록 도와주옵소서. 한참 모든 것이 자라나고 충만하며 건강해야 할 때에 심적 아픔을 겪고 있는 ○○이를 보면 안타까운 마음이 듭니다. 저보다 더 ○○이를 사랑하시는 하나님의 사랑 앞에 ○○이의 사춘기 우울증을 내려놓고 기도하오니 인자와 자비로 감싸주옵소서. 오히려 사춘기 우울증을 잘 통과함으로 더욱 창조적이고 깊은 사고력을 가진 성숙하고 지혜로운 ○○이가 되게 하옵소서. 또한 타인의 외로움과 아픔을 이해하고 품을 수 있는 넓은 마음과 성품을 허락해 주시길 소망합니다. ○○이는 지금은 수험생이고 해야 할 공부가 많습니다. 사춘기 우울증 때문에 많은 시간을 빼앗기지 않도록 부디 ○○이를 우울한 감정에서 건져주옵소서. 저를 포함한 모든 가족들이 ○○이를 위해 할 수 있는 일들이 무엇인지 하나님께서 가르쳐 주시고 인도하옵소서.

평강의 우리 주 예수 그리스도의 이름으로 기도드립니다. 아멘.

외모 콤플렉스를
이기게 하소서

> 고운 것도 거짓되고 아름다운 것도 헛되나 오직 여호와를 경외하는 여자는 칭찬을 받을 것이라 그 손의 열매가 그에게로 돌아갈 것이요 그 행한 일로 말미암아 성문에서 칭찬을 받으리라
> **잠언 31장 30-31절**

천지만물을 지으신 창조주 하나님을 찬양합니다. 주께서 지으신 하늘의 달과 별이 아름다우며 주께서 지으신 우리들도 부족함이 없습니다.

하나님 아버지!

자신의 외모에 열등감을 느끼는 우리 ○○이를 위로하여 주옵소서. 사춘기에 접어들면서 ○○이는 자신의 외모, 특히 △△문제로 많은 고민을 하고 있습니다. 또한 그런 외모에 대한 고민이 자신감을 떨어뜨려서 성품에도 안 좋은 변화를 가져오고 있습니다.

자신의 외모가 하나님께서 조성하시고 탄생시킨 귀한 형상임을 깨달을 수 있도록 ○○이의 생각을 바로 잡아 주옵소서. ○○이가 고민하고 있는 외모 문제들과 맞서 싸워 스스로 그것

을 감당할 수 있는 정체성과 자신감을 갖게 하옵소서.

사랑의 주님! 이 시대는 외모지상주의에 물들어 있습니다. 그러나 우리 ○○이는 이 세대를 본받지 말고 마음과 생각을 새롭게 하고 영성을 쌓아가며 하나님과 친밀하게 교제하는 청년으로 자라기를 소망합니다. 세상의 기준에 마음을 빼앗기지 않도록 ○○이를 도와주옵소서.

자신의 몸을 사랑하고 신경을 쓰는 것도 적정한 선에서 할 수 있도록 지혜와 절제력을 더해주시길 원합니다. 외모를 가꾸는 일에 많은 시간을 빼앗겨 하나님과의 교제와 공부에 소홀하지 않도록 도와주옵소서.

하나님의 관점에서 자신을 바라볼 수 있도록 그 안에 거룩한 소원들을 부어주시고 ○○이가 평생에 품을 사명과 비전을 깨닫게 하셔서 사소한 일에 침울해하거나 넘어지지 않도록 도와주옵소서. 하나님께서 천하보다 귀하게 여기시는 우리 ○○이가 자신의 소중한 가치를 깨닫고 건강한 자아상을 확립할 수 있도록 도와주시옵소서.

예수 그리스도의 이름으로 기도드립니다. 아멘.

하나님을 더 깊이
알아가게 하소서

주께 합당하게 행하여 범사에 기쁘시게 하고 모든 선한
일에 열매를 맺게 하시며 하나님을 아는 것에 자라게
하시고 그의 영광의 힘을 따라 모든 능력으로 능하게
하시며 기쁨으로 모든 견딤과 오래 참음에 이르게 하시고
골로새서 1장 10-11절

왕이신 나의 하나님!

여호와의 주권을 인정하며 경외합니다. 하나님만이 나의 주인 되시며 나를 다스리는 이도 오직 하나님이십니다.

○○이는 지금 수험생의 신분으로 학창시절의 가장 중요한 시기를 보내고 있습니다. 시간이 지날수록 해야 할 공부의 양이 많아지고 세세하게 준비해야 할 것이 많아 마음의 부담이 큽니다. 하지만 바쁜 일정을 핑계로 하나님을 멀리하고 놓치게 될까봐 두렵습니다. 모든 것을 얻어도 하나님 경외하고 사랑하는 마음을 잃으면 아무 것도 아니라는 것을 ○○이가 꼭 기억하게 하옵소서.

자녀에게 바라는 소원은 하나님을 아는 지혜가 더욱 풍성해지는 것입니다.

세상의 지혜와 지식을 쌓아가는 것도 중요하지만 무엇보다 하나님 알아가기를 더욱 갈망하고 기뻐하는 사람이 되기를 간절히 소망합니다.

○○이가 무엇과도 바꿀 수 없는 하늘의 지혜를 사모하게 해주세요. 하나님을 아는 만큼 믿음으로 행하고 기도로 승리하는 신앙인이 되게 해주세요. 그리하여 하나님을 알면서도 믿음으로 살아가지 못하는 사람들에게 모범이 될 수 있도록 도와주세요.

하나님이 세밀하게 가르쳐 주실 때 보는 것마다, 듣는 것마다 모두 ○○이의 마음에 스며들게 해주세요. 위급할 때, 불안할 때, 낙망했을 때 하나님의 말씀을 구급약처럼 사용할 수 있도록 준비된 사람이 되길 소망합니다.

하나님을 아는 지혜가 생각과 마음에 가득히 저장되어 다른 사람에게도 그 지혜를 흘려보내며 살게 해주세요.

지혜와 지식의 근본이신 예수 그리스도의 이름으로 기도드립니다. 아멘.

우울증과 불안감을
이기게 하소서

> 상심한 자들을 고치시며 그들의 상처를 싸매시는도다
> 그가 별들의 수효를 세시고 그것들을 다 이름대로
> 부르시는도다 우리 주는 위대하시며 능력이 많으시며
> 그의 지혜가 무궁하시도다
> **시편 147편 3-5절**

사랑이 많으신 하나님 아버지!

하나님 앞에 기도하며 위로를 얻고자 이 시간 무릎 꿇고 기도합니다. 어렵게 꺼내놓은 우리의 마음을 받으시고 위로하여 주옵소서.

하나님의 섬세하고 따뜻한 손길을 통하여 ○○이 안에 치유와 회복이 있기를 간절히 소망합니다. 그리하여 ○○이와 관계 맺은 사람들에게 하나님의 사랑을 흘려보낼 수 있었으면 좋겠습니다.

○○이는 사춘기에 접어든 뒤 이유 없는 우울증에 시달리고 있습니다. 꼭 이렇게 힘들게 공부해야하나 생각하며 자신을 무척 초라하게 느끼며 한심해 합니다. 아마 공부해도 진척이 없는 것 같고 모의고사 성적이 오르지 않아 더욱 힘들어 하는 것

같습니다. 평소 친하게 지내던 친구들과의 관계도 다 귀찮아하고 멀리하고 있습니다. 집에 돌아와도 말을 하지 않고 겨우 단답형으로 대답하며 혼자 멍하니 시간을 보낼 때가 많습니다. 하나님 아버지! ○○이를 도와주셔서 깊은 수렁 같은 우울함의 감정에서 벗어날 수 있게 도와주세요.

다시 힘을 내서 공부를 열심히 해야 하는데 몸과 마음을 추스르지 못하는 것 같아 안타깝기 그지없습니다. 새 힘주시는 하나님! ○○이가 다시 의욕을 찾을 수 있도록 상한 마음을 만져 주시고 마음에 소망과 기쁨을 회복시켜 주옵소서. ○○이는 지금 하나님의 위로가 절실히 필요합니다. 지금은 부모를 포함한 친구들 어느 누구도 도움과 위로가 되지 못합니다. 주님께서 친구처럼 다가가셔서 만져주시고, 어깨를 나란히 하며 다정하고 따스하게 말하며 힘과 용기를 주옵소서.

사랑의 주님 ○○이는 시험을 앞둔 수험생이오니 우울한 상태에서 하루 빨리 벗어나야 합니다. ○○이가 공부에 흥미를 되찾아 다시 열심을 다할 수 있도록 도와주세요. 로뎀나무 아래에서 우울해하며 기도하는 엘리야를 책망하지 않으시고 그 영혼을 소생시켜주신 하나님! 지금 ○○이에게 속히 발걸음 하셔서 곤고한 심령 가운데 회복이 있게 해주옵소서.

주님의 임재를 간절히 기다리며 예수 그리스도의 이름으로 기도합니다. 아멘.

스트레스와 분노를
잘 다스리게 하소서

분을 그치고 노를 버리며 불평하지 말라 오히려 악을
만들 뿐이라 진실로 악을 행하는 자들은 끊어질 것이나
여호와를 소망하는 자들은 땅을 차지하리로다
시편 37편 8-9절

사랑의 하나님 아버지!

태초에 천지를 창조하시고 좋았더라고 말씀하신 아버지의 사랑을 생각합니다. 오늘 우리에게도 하나님께서 보시기에 좋았다고 말씀해 주신다면 너무 좋겠습니다. 저와 ○○이는 하나님의 기쁨이 되는 자녀이고 싶습니다. 사랑의 주님! ○○이가 요즘 스트레스를 많이 받는 것 같습니다. 무엇을 하든지 불안해하고 걱정되는 마음에 감사를 잊어버리고 짜증을 부리는 날이 잦아졌습니다. 학교 공부와 집에서 쌓인 감정적 분노를 어떻게 풀어야 할지 모르고 있는 그대로 표출하는 날이 많아 졌습니다. 주님의 도움이 절실하오니 도와주옵소서.

사랑의 주님!

이러한 자신을 본인이 더 자책하며 마음에 평안을 가지려고 노력하는 모습이 부모로써 더욱 안타깝습니다. 자신을 다독이며 다짐하고 결심해도 잘 되지 않는 듯 처음 마음을 금세 잊어버리고 짜증을 내고 있는 ○○이를 발견합니다. ○○이 안에 해결되지 않은 쓴 뿌리가 올라오는 것인지, 단순히 수능시험의 압박감에서 오는 스트레스인지 저는 잘 모르겠습니다. 하지만 하나님은 우리의 깊은 것까지 아시오니 치유하시고 붙드시며 위로하여 주옵소서. 그 원인을 저희들도 잘 알게 하시고 대처할 수 있도록 도와주옵소서.

혹이라도 ○○이의 마음에 숨어있는 미움과 원망과 불안의 쓴 뿌리를 뽑아주시길 원합니다. ○○이의 내면에 생수의 강이 흐르고 평안이 샘솟게 하여 주옵소서. 그리하여 스트레스를 원만히 다스리고 이겨낼 수 있도록 도와주옵소서. ○○이의 입술에서 감사의 고백과 찬양이 넘치고 멈추지 않길 소망합니다.

적당한 긴장감을 갖고 자신을 단련하되 과도한 긴장감으로 인해 불안해하지 않도록 도와주옵소서. 모든 근심과 염려를 주께 맡기고 ○○이에게 주어진 길을 충실히 걸어갈 수 있도록 도와주시길 소망합니다. 우리의 마음에 그리스도의 평강이 넘쳐 날이 갈수록 예수님을 생각하며 닮아가길 소망합니다. 그리하여 이웃들이 우리를 통하여 하나님을 만나는 역사가 일어나게 해주옵소서.

예수 그리스도의 이름으로 간절히 기도합니다. 아멘.

몸과 마음의 건강을 지켜주소서

내 이름을 경외하는 너희에게는 공의로운 해가
떠올라서 치료하는 광선을 비추리니 너희가 나가서
외양간에서 나온 송아지 같이 뛰리라
말라기 4장 2절

우리의 영육을 돌보시는 하나님 아버지!

언제나 변함없는 사랑으로 우리의 기도를 들어주시는 하나님의 은혜에 감사드립니다. 우리의 몸의 연약함과 아픔 그리고 이상 증상을 세밀히 아시는 주님께 건강의 문제를 내어놓고 기도드립니다. 고3 수험생이 된 후로 ○○이의 체력이 급격히 약해졌습니다. 언제나 학교와 학원과 집을 다람쥐처럼 오가다보니 체력관리를 철저히 하기가 너무 어렵습니다. 또한 학업에 대한 스트레스가 알게 모르게 자신을 짓눌러 건강에 안 좋은 영향을 미치는 경우가 많습니다.

하나님 아버지!

○○이의 몸과 마음이 강건하여 고3 수험생 생활을 넉넉히

이겨내도록 도와주옵소서. 특별히 왕성한 소화력을 주셔서 무엇을 먹고 마시든지 잘 소화하고 배설하여 탈이 나지 않게 해주옵소서. 또한 신경성 두통이 떠나가고 깨끗이 낫도록 마음에 평안을 가득 부어주옵소서. 짧은 시간을 잠을 자도 깊이 숙면하여 아침에 상쾌한 기분으로 깨어날 수 있게 도와주옵소서.

건강한 수면습관과 균형 잡힌 식습관을 유지하여 체력과 체형을 잘 관리하고 절제할 수 있었으면 좋겠습니다.

사랑의 주님 수험생 기간은 긴장과 스트레스가 끊이지 않는 기간입니다. ㅇㅇ이가 공부할 때에는 강건한 체력과 총명함을 주시고 기도할 때에는 순전함과 정결한 영성을 허락해주옵소서. 그리고 ㅇㅇ이에게 맞는 학습방법과 건강관리 방법을 잘 찾아내고 숙지하여 실천할 수 있도록 도와주옵소서. 그러므로 이 기간에 오히려 영·혼·육이 더욱 강건하여져서 훗날에 즐거운 시절로 추억하도록 도와주옵소서.

하나님의 긍휼의 은혜와 사랑의 단비가 ㅇㅇ이 몸과 마음에 늘 충만히 임하길 간절히 소망하며 우리 주 예수 그리스도의 이름으로 기도합니다. 아멘.

내면의 아름다움을 키우게 하소서

너희의 단장은 머리를 꾸미고 금을 차고 아름다운
옷을 입는 외모로 하지 말고 오직 마음에 숨은
사람을 온유하고 안정한 심령의 썩지 아니할 것으로
하라 이는 하나님 앞에 값진 것이니라
베드로전서 3장 3-4절

만물의 창조주 아버지 하나님!

주의 손가락으로 지으신 모든 것들로 인하여 감사와 찬양을 올려드립니다. 주께서 지으신 모든 것이 선하다고 말씀하신 것을 기억합니다. 하나님이 지으신 피조물인 ○○ 이를 살펴주시고 기도에 응답해 주옵소서. 우리 ○○ 이가 주님 앞에 마음의 모든 무거운 것과 소원을 내려놓고 이 시간 주님의 따뜻한 음성을 듣고 상한 마음이 회복되게 도와주옵소서.

우리 ○○ 이가 공부에 집중해도 부족할 시기에 외모를 걱정하느라 많은 시간을 낭비하고 있습니다. 외모에 민감한 시기지만 학생의 본분을 잊지 않도록 도우시고 영혼을 깨워주옵소서. 외모의 불만족스러움으로 사람을 대할 때 움츠리고 자신감을 잃게 되는 것 같습니다.

친구들과 비교하는 마음 때문에 스스로 움츠러들지만 ○○이가 자신을 사랑하는 마음을 갖게 해주시고 생긴 모습 그대로 받으시는 하나님의 사랑 안에 충분히 잠기게 하옵소서.

그러므로 자신의 모습은 이 세상에 둘도 없는 특별한 존재요 누구도 따라오거나 흉내 낼 수 없는 독특한 개성을 부여 받았음을 확실히 알게 하옵소서.

하나님이 지으신 원래의 목적대로 ○○이를 사용해 주시고 ○○이 안에 심어두신 잠재성과 고유의 가치가 밝히 드러내게 도와주옵소서. 사랑의 주님 우리 ○○이가 본래 하나님의 형상을 따라 지으신 존재라는 것을 기억하며 당당한 모습을 회복할 수 있도록 도와주옵소서. 하나님 형상 닮아가기 원할 때 인위적으로 꾸미거나 치장할 때보다 더 빛나고 아름다운 모습을 갖게 될 줄 믿습니다.

이제는 외적으로 돋보이고 싶은 마음에 옷을 입을 때나 머리를 손질하는 데 더 이상 시간을 낭비하지 않게 하시고 오히려 말씀과 기도로 새로워져서 자신감을 가지고 내면을 가꾸는 가치 있는 시간을 보내는 하나님의 자녀 되게 하옵소서.

날마다 우리를 새롭게 하시는 예수 그리스도의 이름으로 기도합니다. 아멘.

건강과 새 힘을 주소서

여호와가 너를 항상 인도하여 메마른 곳에서도 네 영혼을
만족하게 하며 네 뼈를 견고하게 하리니 너는 물 댄 동산
같겠고 물이 끊어지지 아니하는 샘 같을 것이라
이사야 58장 11절

인간의 생사화복을 주장하시는 아버지 하나님!

만세전부터 우리를 계획하시며 이 땅에 태어나게 하시고 놀라운 섭리와 능력으로 지금까지 인도하시고 보살펴 주신 은혜에 깊이 감사드립니다.

하나님 아버지!

이 시간 시험 당일 ○○ 이의 건강을 위하여 기도드립니다. 주님께서 ○○ 이를 지으신 분이기에 그 어느 누구보다 우리 몸의 체질을 잘 아시리라 믿습니다. ○○ 이의 몸이 다른 어떤 때보다 더욱 건강하고 최상의 컨디션을 유지할 수 있도록 도와주옵소서.

○○ 이 뿐만 아니라 함께 시험을 치르는 다른 학생들에게도 건강과 안전을 허락하여 주셔서 돌발적인 사건과 사고가 일어

나지 않도록 지켜주시길 간구 드립니다.

특별히 시험 전 날 긴장해서 잠을 못 이루는 일이 생기지 않게 하시고, 깊이 숙면을 취할 수 있도록 도와주셔서 아침에 좋은 컨디션으로 일어날 수 있게 허락하여 주옵소서. 또한 아침식사와 점심식사를 할 때에도 위장을 건강하고 평안하게 해주셔서 배탈이 나거나 위장장애가 생기지 않기를 간절히 소망합니다. 화장실에 오가는 것도 평소대로 무리가 없게 하시고 돌발적인 알레르기나 발열과 두통이 발생하지 않도록 능력의 팔로 품어주옵소서.

사랑의 주님 ○○이의 몸이 긴장을 잘 버틸 수 있도록 몸에 활력을 더 하여 주시고 무엇보다 시험 시간 내내 감사와 평안이 마음에 생수처럼 가득 넘쳐나길 간절히 소망합니다. 우리 ○○이가 그동안 준비해온 실력을 테스트 받을 수 있는 기회를 주신 하나님께 감사드리는 마음으로 시험 당일 감사와 찬송이 그 마음에서 솟아나게 하옵소서. 그리하여 공부하고 준비해 온 실력을 충분히 발휘하여 좋은 성적을 얻을 수 있기를 간절히 기도드립니다. 시험을 치르는 시간이 힘들거나 긴장되고 않고 오히려 기쁘고 즐거울 수 있도록 ○○이의 마음을 지켜주시고 영혼의 건강을 허락해 주옵소서.

예수 그리스도의 이름으로 간절히 기도드립니다. 아멘.

수험생과 준비물

수험생들은 시험 당일 반드시 수험표와 함께 본인임을 확인할 수 있는 신분증을 지참해야 한다. 신분증은 사진이 부착된 것으로 주민등록증, 운전면허증, 유효기간 이내 여권 등이다. 수능 고사장에는 기본적인 필기구와 일반시계만 갖고 들어갈 수 있다. 흑색 연필과 지우개를 비롯해 0.5mm 흑색 샤프심, 수정 테이프, 컴퓨터용 사인펜 등이 휴대 가능하다. 컴퓨터용 사인펜과 샤프는 감독관이 수험생들에게 일괄 지급한다. 수정테이프는 고사장별로 비치돼 있어 요청하면 사용이 가능하다.

이밖에 모든 전자 기기는 고사장에 들고 갈 수 없다. 휴대전화는 물론 디지털 카메라, MP3 플레이어, 전자사전, 카메라 펜, 전자계산기, 라디오, 휴대용 미디어 플레이어, 웨어러블, 기기 등이 고사장 반입 금지 물품이다.

다만 반입 금지 물품을 불가피하게 고사장에 들고 간 경우 1교시 시작 전에 감독관 지시에 따라 본인 가방에 넣어 교실 앞에 제출해야 한다. 미제출시엔 부정행위로 간주된다.

답안지는 배부 받은 컴퓨터용 사인펜을 사용해 작성하는 것이 원칙이다. 개인적으로 가져온 사인펜이나 수정테이프 등으로 답안지를 작성했다 추후 채점 오류 등 불이익이 발생하면 수험생 본인 책임으로 돌아간다.

7부

자녀의 꿈과 비전을 위한 기도

이성교제를
건강하게 하소서

너는 청년의 정욕을 피하고 주를 깨끗한 마음으로 부르는 자들과
함께 의와 믿음과 사랑과 화평을 따르라 어리석고 무식한 변론을
버리라 이에서 다툼이 나는 줄 앎이라
디모데후서 2장 22-23절

사랑과 은혜가 충만하시고 자비로우신 하나님 아버지!

우리의 목자가 되셔서 나아갈 길로 이끌어 주시니 감사합니다. 마땅히 행할 길을 기억하며 생각나게 하셔서 선하게 인도하여 주옵소서. 이 시간 하나님이 특별히 아껴주시는 우리 ○○이의 이성교제를 위해 기도합니다. 그 교제가 ○○이와 ○○이의 친구에게 긍정적인 과정과 결과를 얻도록 도와주옵소서. 이성교제를 통해 세상 만물의 조화와 사랑의 본질을 깨달으며 서로에게 긍정적인 에너지를 주고받는 관계가 되길 소망합니다.

지금은 ○○이가 수능시험을 앞둔 중요한 시기이오니 마음과 시간을 빼앗기고 낭비하여 후회하는 일이 없도록 도와주옵소서. 건강하고 건전한 교제를 할 수 있도록 성령으로 함께하시고 붙잡아 주옵소서. 특별히 아직 자신의 욕구를 잘 통제하지 못하는 청년의 때이므로 자신의 몸과 마음을 거룩하고 정결하게 지킬 수 있도록 강한 손으로 붙잡아 주옵소서.

○○이는 우리를 통하여 육체로 낳았으나 우리의 자식이 아닌 하나님의 자녀입니다. 사랑의 주님! 하나님께서 저에게 허락하신 귀한 자녀를 잘 양육할 수 있도록 지혜와 명철을 주시길 원합니다.

○○이의 수험생 기간뿐만 아니라 대학에 가고 직장생활을 할 때, 그리고 훗날 ○○이가 자신의 배우자를 찾을 때에도 오직 하나님의 생각과 방법으로 조언하고 도울 수 있도록 저 자신을 먼저 바로 세워 주옵소서.

○○이가 스스로 자신에게 주어진 상황과 관계와 삶을 사랑하게 하시고 참된 사랑을 위해 필요한 인내를 배우게 하옵소서. 이성교제로 인해 마음과 시간을 많이 빼앗기지 않게 하시고 육신의 정욕과 유혹에 빠지지 않도록 도와주시옵소서.

이성교제를 통해 하나님의 참 사랑과 섭리를 배우게 하시고 이성 간 조화의 의미를 깨달으며 정서의 깊이가 더욱 깊어질 수 있도록 서로의 관계를 주관하여 주옵소서.

예수 그리스도의 이름으로 기도드립니다. 아멘.

건강한 이성교제를 허락 하소서

> 그가 빛 가운데 계신 것 같이 우리도 빛 가운데 행하면 우리가 서로 사귐이 있고 그 아들 예수의 피가 우리를 모든 죄에서 깨끗하게 하실 것이요
> **요한일서 1장 7절**

인자와 자비가 풍성하신 아버지 하나님!

우리에게 언제나 가장 좋은 것을 허락하시는 은혜에 감사드립니다. 우리 ○○이에게 이성 친구가 생긴 것 같습니다. 예민하고 중요한 시기에 공부에 지장을 줄 수 있기에 걱정이 앞섭니다. 합당한 이유 없이 지금 당장 만나지 못하게 하면 오히려 역효과를 가져올 수 있기에 주님의 지혜를 구합니다. 주님 도와주옵소서. 그러나 긍정적으로 생각하면 오히려 서로에게 든든한 힘이 되고 선의의 경쟁과 촉매가 될 수도 있기에 주님의 선하신 은총을 베풀어 주시길 간구합니다.

고3 수험생의 시기를 보내는 가운데 겪는 고민과 어려움을 이성친구와 공유하고 공감할 수 있도록 도와주옵소서. 우리 ○○이가 하나님 안에서 건강한 이성교제를 할 수 있도록 도와주옵소서.

저들의 이성교제로 인하여 양가의 부모와 선생님에게 염려

끼쳐드리지 않도록 학생으로서 책임과 본분을 다하여 인정받게 하옵소서. 이성교제가 학업과 생활에 긍정적인 영향을 미칠 수 있도록 도와주옵소서. 주님께서 두 사람 가운데 중심이 되어주셔서 관계의 균형이 이루어지길 간절히 소망합니다. ㅇㅇ이와 이성친구 사이에 성령 하나님이 내주하셔서 건강한 삼각구도가 세워지게 하옵소서.

우리 ㅇㅇ이가 이성과의 관계에 어려움이 생겼을 때 두 사람의 힘으로 해결하지 않고 하나님과 부모에게 도움을 청하는 성숙함을 허락하여 주옵소서. 아직은 사춘기 청소년으로써 서로가 순간의 감정으로 인해 그릇된 행동을 하지 않도록 매 순간마다 지켜주옵소서.

지금의 이성교제가 훗날 성인이 되어 누군가를 사랑할 때에 귀한 밑거름이 될 수 있었으면 좋겠습니다. 사랑의 주님 두 사람이 교제를 통해 이성을 잘 배우고 이해하며 배려하는 것을 훈련하도록 도와주옵소서. 서로의 미진한 학업을 돕는 촉매로써 발전적인 관계가 되길 소망합니다. 하나님의 선한 영향력을 주고받을 수 있도록 성령의 능력으로 품어 주옵소서.

우리의 근원되시고 주관자이신 예수 그리스도 이름으로 기도합니다. 아멘.

기쁨으로 열매 맺게 하소서

눈물을 흘리며 씨를 뿌리는 자는 기쁨으로 거두리로다
울며 씨를 뿌리러 나가는 자는 반드시 기쁨으로 그
곡식 단을 가지고 돌아오리로다
시편 126편 5-6절

하나님 아버지 감사합니다. 오늘은 참으로 기쁘고 아름다운 날입니다. 우리 ○○이를 한걸음 한걸음씩 걸어서 오늘 이곳까지 이르게 하셨습니다. 비록 뛰어나지 못하고 부족할지라도 주님의 인도하심과 섭리였음을 고백 드립니다.

우리 ○○이는 남들이 눈여겨보지 않는 평범한 학생이지만 주님은 모른 척 그냥 버려두지 않으셨습니다. 사랑의 주님께서 한량없는 은혜를 부어주셔서 부족하고 연약하지만 오늘이 있기까지 많은 노력과 인내의 시간을 보냈습니다.

사랑의 주님! 이제는 우리 ○○이가 열매를 거둘 때가 눈앞에 왔습니다. 아볼로는 심었고 바울은 물을 주었으되 오직 자라게 하시는 분은 하나님이시오니, 주님의 은혜를 ○○이에게 베푸시고 복을 주옵소서. 눈물로 씨를 뿌리는 자는 기쁨으로 거두리라 하신 말씀을 이루어 주옵소서.

사랑의 주님! 우리 ○○이가 힘과 지혜를 얻도록 도와주옵소서. 남들보다 더 크고 좋은 것만을 구하는 것이 아니라 심은 대로 거두게 하시되 부족함이 없이 넉넉히 거두게 하옵소서. 사랑의 주님! 우리 ○○이가 묵묵히 더 나은 내일을 바라며 주님만을 의지하여 나아갈 때 마음의 위로와 소망으로 충만하게 하옵소서.

사랑의 주님! 인생은 한 번의 결과로 끝나는 것이 아니라 땀 흘려 심고 거두기를 반복하는 것임을 우리 ○○이가 잘 알게 하옵소서. 사랑의 주님 많은 사람이 땀을 흘려 심지만 어떤 이는 삼십 배, 다른 이는 백배의 결실을 맺기도 합니다.

부족한 저희들 주님의 깊은 뜻을 다 알 수 없으나 모두가 주님의 은총임을 깨닫고 감사하며 영광을 올려드립니다. 사랑의 주님! 우리 ○○이를 주님 뜻에 합당하게 사용하여 주옵소서. 자신만을 위하여 살기보다 이웃을 먼저 생각하게 하시고 주님의 선하신 도구로 사용하여 주옵소서.

우리 기쁨의 근원되시고 부족함이 없으신 예수님 이름으로 기도드립니다. 아멘.

야곱처럼
쓰임 받게 하소서

> 그가 이르되 네 이름을 다시는 야곱이라 부를 것이
> 아니요 이스라엘이라 부를 것이니 이는 네가 하나님과
> 및 사람들과 겨루어 이겼음이니라
> **창세기 32장 28절**

아브라함과 이삭과 야곱의 하나님, 나의 하나님 되심을 감사합니다. 사랑하는 ○○이가 수능을 앞두고 열심히 공부하고 있습니다. 주님께서 지혜와 명철을 허락하여 주시고 피곤치 않도록 힘과 능력으로 붙들어주옵소서.

야곱이 사랑하는 라헬을 아내로 삼기 위하여 삼촌 라반의 집에서 7년을 며칠 같이 일한 것처럼, 우리 ○○이가 공부할 때에도 야곱과 같은 뚜렷한 목표를 주시고, 목표 달성을 위한 뜨거운 열정과 기쁨을 허락하여 주옵소서. 열심히 노력하였으나 삼촌 라반에게 속아 절반의 성공을 거두고 또다시 7년을 봉사한 야곱처럼, 우리 ○○이가 원하는 목표를 향하여 절대로 포기하지 않도록 도와주옵소서.

야곱이 베개 하였던 돌기둥을 세워 기름을 붓고 주님께 서원

하였던 것처럼 우리 ○○이가 벧엘의 하나님을 섬기며 의지하는 믿음의 사람이 되게 하옵소서. 사랑의 주님! 힘들고 어려워도 언제나 함께하시는 주님을 의지하고 지켜주시는 주님을 바라보았던 야곱처럼 오래참게 하옵소서.

낮에는 더위, 밤에는 추위를 무릅쓰고 눈 붙일 겨를도 없이 가족을 위하여 수고한 야곱에게 복에 복을 주신 주님 감사합니다. 우리 ○○이가 내일의 소망과 행복을 위하여 수고하고 노력할 때 야곱에게 허락 하셨던 은혜와 복을 동일하게 내려 주옵소서. 허벅지 관절이 어긋나기까지 밤이 새도록 씨름하며 기도로 승리한 야곱처럼 우리 ○○이도 무릎으로 주님께 나아가 승리하게 하옵소서.

사랑의 주님!, 하나님을 사랑하는 자 곧 그 뜻대로 부르심을 입은 자들에게는 모든 것이 합력하여 선을 이루리라 하신 주님의 말씀이 우리 ○○이에게 임하게 하옵소서.

예수님 이름으로 간절히 기도드립니다. 아멘.

순간순간
충실하게 하소서

또 형제들아 너희를 권면하노니 게으른 자들을
권계하며 마음이 약한 자들을 격려하고 힘이 없는
자들을 붙들어 주며 모든 사람에게 오래 참으라
데살로니가전서 5장 14절

사랑하는 하나님 아버지!

언제나 변함없이 저희들을 사랑하시고 능력으로 붙들어 주심을 감사드립니다. 수능을 준비하는 우리 ○○이를 붙잡아 주셔서 피곤치 않고 곤비치 않게 하시며 날마다 새 힘을 주시기를 간절히 기도드립니다.

주여, 우리 ○○이가 참된 승리는 하루아침에 얻을 수 있는 것이 아니라 꿈과 목표를 가지고 인내하며 한 걸음씩 한 걸음씩 준비하며 나아갈 때 이룰 수 있는 것임을 잘 알게 하여 주시옵소서. 주여, 처음에는 대부분의 친구들이 열의를 가지고 시작하지만 며칠 혹은 몇 달 지나지 않아 게으름과 핑계로 결국 포기하는 경우를 봅니다.

'조금만 놀고 조금만 자고 해야지'라고 느슨한 생각이 찾아올 때 우리 ○○이는 타협하지 말고 단호히 물리치게 하여 주시옵소서. 무엇보다 자신에게 엄격하게 하시고 계획한 범위와 진도를 철저히 지켜내게 도와주시옵소서.
　항상 자신에게 충실하게 하시고 끊임없는 유혹과 싸움에서 뒤로 물러가지 않도록 능력의 손으로 붙잡아 주시옵소서.

　주여, 우리 ○○이가 항상 최고가 되어야 한다는 강박관념을 벗어 버리고 자신에게 최선을 다하며 우리 하나님의 도우심을 구하는 지혜롭고 기도하는 주의 자녀가 되게 하여 주시옵소서.
　인생은 단거리 경주가 아니고 마라톤 같은 장거리 경주이므로 자신만의 호흡과 리듬을 잃지 않고 잘 유지하여 최후의 승리를 맛보는 믿음의 용사가 되게 하여 주시옵소서.
　구원의 능력이 되신 예수 그리스도 이름으로 기도드립니다. 아멘.

유혹을 이기게 하소서

> 음행과 온갖 더러운 것과 탐욕은 너희 중에서 그 이름조차도 부르지 말라 이는 성도에게 마땅한 바니라
> **에베소서 5장 3절**

진리의 영이신 하나님 아버지!

변함없는 사랑으로 우리를 바라보시며 항상 의의 길로 인도하시는 아버지의 사랑과 은혜를 찬양 드립니다. 이 시간 ○○이의 걸음을 지켜주시길 바라는 간절한 마음으로 중보하오니 응답하여 주옵소서. ○○이가 성령 안에서 항상 깨어 기도하는 하나님의 자녀가 되길 간구 드립니다.

이 세상에는 사람의 마음을 빼앗고 흔들며 충동질하는 것들이 허다합니다. 각종 대중매체나 인터넷으로부터 접하는 풍조와 시류에 휩쓸려가지 않게 하시고, 주변의 친구나 환경으로 인해 그릇된 길로 빠지지 않도록 보호하여 주옵소서. ○○이가 스스로의 눈을 가리고 마음을 절제할 수 있는 단호함을 갖게 되길 소망합니다.

순간의 그릇된 선택이 인생 전체를 흔들리게 할 수도 있다는 사실을 알고 늘 깨어 주의하며 어떤 순간에도 타협하지 않게 하시고 굳건한 믿음으로 마음을 지키는 주님의 자녀로 살게 하옵소서.

　늘 말씀과 기도로 깨어서 자신의 생각과 마음을 지키는 거룩한 자로 살게 하옵소서. 분별력을 흐리게 하는 미혹의 영에 넘어지지 않도록 ○○ 이에게 전신갑주를 입혀 주옵소서. 그리하여 자신의 신앙을 잘 지켜나갈 뿐만 아니라, 학교와 학원에서도 건강하고 정결하게 생활할 수 있도록 도와주옵소서.

　또한 ○○ 이가 자신의 삶에 대한 비전과 꿈을 더욱 굳건하게 세울 수 있길 소망합니다. 자신에게 주어진 비전과 꿈으로 말미암아 유혹에 빠지지 않도록 강한 손으로 붙들어 주옵소서. 순간의 호기심과 쾌락으로 인해 자신을 던지는 일이 생기지 않도록 지켜주시길 원하고 기도드립니다.

　하나님께서는 ○○ 이의 성격을 아시고 약한 부분도 잘 알고 계시오니 이를 긍휼히 여기시어 ○○ 이를 눈동자와 같이 보호하여 주옵소서.

　예수 그리스도의 이름으로 간절히 기도드립니다. 아멘.

중독에서
벗어나게 하소서

> 너희는 유혹의 욕심을 따라 썩어져 가는 구습을
> 따르는 옛 사람을 벗어 버리고 오직 너희의
> 심령이 새롭게 되어 하나님을 따라 의와 진리의
> 거룩함으로 지으심을 받은 새 사람을 입으라
> **에베소서 4장 22-24절**

은혜와 자비가 충만하신 하나님 아버지!

언제나 우리의 연약함을 아시고 도와주시는 하나님 아버지를 찬양합니다.

이 순간에도 ○○이를 지켜보시며 중보하시는 주님! ○○이가 바르고 건강한 생활을 할 수 있도록 도와주옵소서. 공부하고 잠자며 기도하기도 바쁜 때에 ○○이는 TV 시청과 인터넷 등에 빠져있습니다. 적절한 휴식은 도움이 될 것 같아 허용해주었는데 쇼 연예프로와 드라마, 외국 영화 등에 빠져 정신을 못 차리고 있습니다. 또한 인터넷을 한번 시작하면 그칠 줄 모릅니다. 온라인 게임에 필요 이상의 시간과 에너지를 쏟습니다. ○○이의 승부욕이 공부가 아닌 게임에 집중되어 있어 걱정이 말이 아닙니다.

사랑의 주님! 불쌍히 여기시고 돌이킬 수 있도록 도와주시옵소서. 무엇보다 이러한 일에 마음과 생각이 빠져서 ○○이의 정신건강과 육체 건강을 해치게 될까 걱정됩니다. 성품에도 영향을 받아 거칠어진 것 같아 걱정되고 속이 상합니다.

하나님 우리 ○○이가 그릇된 생활습관을 미련 없이 떨치고 공부에 집중하게 하옵소서. 학업에 즐거움을 느끼게 하시고 시간 관리를 잘할 수 있도록 도와주옵소서.

나사렛 예수 그리스도의 이름으로 명하노니, 허탄한 데 마음을 빼앗기게 하는 원수 사탄은 ○○이의 마음과 습관에서 떠나갈지어다!

평안의 하나님께서 ○○이의 마음을 주장해 주시고 평안으로 다스려주옵소서. 그리하여 매일의 일상을 보람되게 보낼 수 있도록 ○○이를 붙잡아 주시옵기를 간구 드립니다.

혹시 ○○이의 마음에 수능으로 인한 불안감과 허전함, 그리고 외로움으로 인한 것이라면 주님이 찾아가주셔서 어루만져 주시고 따뜻하게 위로와 소망으로 함께하여 주옵소서. 주님과의 친밀한 교제로 인하여 참 자유를 얻도록 성령님 도와주시고 인도해 주옵소서.

예수 그리스도의 이름으로 기도드립니다. 아멘.

은을 단련함 같이
하소서

> 그는 우리 영혼을 살려 두시고 우리의 실족함을
> 허락하지 아니하시는 주시로다 하나님이여 주께서
> 우리를 시험하시되 우리를 단련하시기를 은을
> 단련함 같이 하셨으며
> **시편 66편 9-10절**

하나님 아버지!

힘들고 어려울 때 모든 것을 포기하고 도망치고 싶은 충동을 받을 때가 있습니다. 아무리 노력해도 제자리걸음만 하고 앞으로 나가지 못할 때 자신이 싫어지고 왜 이렇게 힘들게 공부해야 되는지 모든 것이 원망스럽고 주저앉고 싶을 때가 있음을 압니다.

주님, 도와주셔서 우리 ○○이가 잘 이겨낼 수 있도록 힘주시고 능력을 주시옵소서. 이렇게 어렵고 힘든 것이 자기 자신만이 아니라 주변의 동료들이 많다는 것을 알게 하시고 오히려 그들에게 힘이 되어주고 위로할 수 있도록 도와주옵소서.

사랑의 주님, 모래위의 발자국을 생각합니다. 가장 어렵고 힘들어할 때 내가 너를 업고 지나갔다고 말씀하신 주님의 사랑을 생각합니다.

주여, ○○이가 다른 사람과 비교하지 않게 하시고 오직 자신에게 최선을 다하게 하시고 대단한 것을 이루겠다는 꿈도 한 발짝 물러서서 바라볼 수 있도록 여유와 평안을 허락하여 주옵소서.

주여, 힘들고 어려운 과정을 통하여 자신의 단점과 모난 성격들이 다듬어지고 부족한 부분들을 보충해 나갈 수 있는 기회로 삼게 도와주옵소서. 철광석은 용광로를 통하여 제련의 과정을 통과해야만 쓸모가 있듯이 계발되지 않은 ○○이의 재능들이 다듬어지게 하시고 시련을 통과하지 않는 실력은 금방 무디어진다는 사실을 깨닫고 인내하도록 도와주옵소서.

주여, 힘들고 어려운 과정을 오히려 기뻐하며 즐길 수 있는 하나님의 은혜를 허락하여 주옵소서. 사랑의 주님 오늘에 충실하게 하시고 남은 시간을 잘 사용할 수 있도록 지혜를 주옵소서.

예수님 이름으로 기도드립니다. 아멘.

꿈과 비전을
품게 하소서

너희 안에서 행하시는 이는 하나님이시니 자기의
기쁘신 뜻을 위하여 너희에게 소원을 두고 행하게
하시나니 모든 일을 원망과 시비가 없이 하라
빌립보서 2장 13-14절

내 길의 등이요 내 발의 빛이 되신 하나님!

오늘도 내가 걸어갈 길의 등이 되어 빛을 비춰주시니 감사합니다. 방향성 없는 걸음이 아닌 목적과 비전이 심긴 걸음을 걷게 하시니 감사합니다. ○○이가 하나님에 의한 그리고 하나님을 위한 비전을 세우는 사람이 되길 기도드립니다. 하나님과 함께 걷는 한 걸음 한 걸음이 ○○이에게 기쁨이 되고 예배가 되게 하옵소서.

○○이는 △△대학교 □□학과에 진학을 목표하고 있습니다. 하지만 이곳이 하나님이 원하시는 곳인지 잘 분별이 되지 않습니다. 그리고 자신의 실력에 합당한 목표인지도 확신이 없어 불안한 마음입니다. ○○이는 지금 자신감을 많이 잃은 것 같습니다. 자신의 소망을 하나님께만 두게 해주세요. 회복된

심령으로 학업에 임할 수 있기를 간절히 원합니다.

　세상 관점에 휩싸여 진로를 결정하거나 인간의 욕심으로 비전을 세우게 되는 일이 없도록 직접 다스려 주옵소서. 부모님을 만족시켜 드려야 한다는 부담감 때문에 하나님이 바라시는 것을 놓치지 않도록 도와주세요. 자신을 향한 하나님의 계획이 무엇인지를 먼저 알기 원합니다. 자기 자신에 대한 정확한 진단을 내릴 수 있게 하셔서 심어주신 재능과 적성에 맞는 대학교와 학과를 목표로 삼아 공부에 임하게 하옵소서.

　목표를 달성한 후에는 교만하게 되는 일 없길 소망합니다. 이제 부터가 시작인데 작은 결과에 만족하여 전진을 멈추게 될까봐 두렵습니다. 또는 목표에 합당한 결과를 얻지 못하게 될지라도 시험에 들지 않길 간구합니다. 더욱 겸손하여 하나님의 뜻을 묻는 강건하고 굳건한 믿음을 ○○이에게 허락해 주옵소서. 주님 뜻에 합당한 새로운 목표를 다시 설정하여 열심을 다할 수 있도록 도와주세요.
　예수 그리스도의 이름으로 기도드립니다. 아멘.

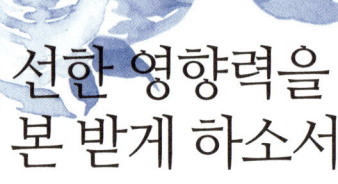

선한 영향력을
본 받게 하소서

아무 일에든지 다툼이나 허영으로 하지 말고 오직
겸손한 마음으로 각각 자기보다 남을 낫게 여기고 각각
자기 일을 돌볼뿐더러 또한 각각 다른 사람들의 일을
돌보아 나의 기쁨을 충만하게 하라
빌립보서 2장 3-4절

선한 목자이신 하나님 아버지!

일마다 때마다 선하신 인도하심으로 우리 ㅇㅇ이에게 좋은 사람들을 붙여주신 은혜에 감사드립니다. 좋은 사람을 만나는 복은 하나님으로부터 받을 수 있는 최고로 귀하고 값진 선물인 줄 압니다. 그동안 ㅇㅇ이가 좋은 선생님과 좋은 친구들을 만날 수 있었던 것도 모두 하나님의 은혜입니다.

사랑의 주님!

우리 ㅇㅇ이에게 좋은 멘토를 붙여 주시길 간구 드립니다. 멘토의 선한 영향력을 통해 좋은 성품과 올바른 길을 제시받으며 격려와 힘을 얻도록 도와주옵소서.

사람은 누구든지 부모나 친구에게 조차 솔직히 털어놓을 수 없는 고민들이 많습니다. 믿음의 자녀인 ㅇㅇ이에겐 하나님이

가장 좋은 멘토지만, 인간의 힘으로 해결 가능한 실질적인 도움이 필요할 때 손 내밀 수 있는 친밀한 사람을 보내주셨으면 좋겠습니다. 그 사람이 하나님을 경외하는 지혜의 사람이어서 ○○이의 신앙을 돌보아줄 수 있는 사람이길 원합니다. ○○이의 문제를 자신의 일처럼 함께 고민하고 귀 기울여줄 사람을 붙여주셔서 ○○이가 올바른 길을 걸어갈 수 있도록 도와주옵소서.

주님은 우리의 결심이 자주 무너지고 때때로 자신감을 잃어버리는 것을 누구보다 잘 아십니다. "두 사람이 한 사람보다 낫다"고 말씀하셨으니 ○○이가 혼자 길을 헤매지 않도록 하나님의 사람을 붙여주옵소서. 혹시 넘어졌을 때 붙들어 일으켜 줄 사람, 따뜻한 말로 격려해 줄 사람이 필요합니다.

○○이에게 허락하신 멘토의 많은 위로와 사랑을 서로 간에 주고받게 하여 주옵소서. 그리하여 ○○이 또한 누군가의 멘토가 되었을 때 자신이 받았던 것보다 더 크고 풍성한 위로와 사랑을 공급하는 사람으로 살게 해주옵소서.

예수 그리스도의 이름으로 기도합니다. 아멘.

좋은 습관을 배우게 하소서

너희는 이 세대를 본받지 말고 오직 마음을 새롭게 함으로 변화를 받아
하나님의 선하시고 기뻐하시고 온전하신 뜻이 무엇인지 분별하도록 하라
로마서 12장 2절

사랑과 은혜가 충만하신 하나님!

언제나 신실하시며 변함없이 우리의 기도를 들어주시고 인도해주시니 그 은혜에 무한 감사드립니다.

하나님 아버지 ○○이가 미디어에 푹 빠져있습니다. 중독이라는 말을 쓰긴 싫지만 아무래도 제가 보기엔 게임중독인 것 같습니다. 해야 할 공부가 많고 몸이 피곤해서 쉬고 싶을 때도 있겠지만 틈만 나면 컴퓨터를 켜서 게임을 하곤 합니다. 주님께서 그 마음을 주장하시고 절제할 수 있도록 도와주옵소서. ○○이는 중독은 아니라고 극구 부인하지만 자신을 통제하지 못하고 많은 시간을 뺏기고 허비하므로 걱정이 태산 같습니다. 게임이나 웹서핑 컴퓨터로 하는 모든 일들을 자신이 통제할 수 있고 기분 전환용이면 큰 문제가 되지 않지만, 학업이나 정서 건강에 도움을 주는 일이 많지 않은데도 ○○이가 그것을 끊지 못하고 많은 시간과 에너지를 빼앗기고 있으니 걱정 말이 아닙니다.

또한 습관적으로 TV를 켜서 거기에 빠져있으니 자꾸 지적하고 꾸중을 하면 서로가 마음만 상하고 거리가 점점 멀어집니다. 사랑의 주님 ○○이의 허전하고 복잡한 마음을 다스려 주시고 고3 수험생으로써 자신의 본분에 충실하게 하옵소서.

하나님 아버지 ○○이에게 시간을 선용하며 자신의 습관을 다스릴 수 있는 절제력을 주옵소서. 게임을 안 하고 있으면 왠지 불안해 보이고 공부에 집중을 하지 못하니 걱정이 이만저만 아닙니다. 우리 주님께서 ○○이를 도우시고 마음과 생각의 깊은 것까지 깨끗이 치유하여 주옵소서. 수능시험일은 다가오고 시간이 왜 그렇게 빨리 지나가는지 모르겠습니다. ○○이 머릿속에 게임영상과 컴퓨터를 하고 싶은 생각을 삭제하여 주옵소서. 컴퓨터 앞에 오래앉아 있으면 다리와 허리도 피곤하고 어깨도 아프고 눈도 피로합니다. 때문에 공부를 하고 싶어도 할 수가 없습니다. 어느 땐 ○○이 자신이 더 괴로워하고 힘들어 하며 자책합니다. 이러한 비능률적이고 비생산적인 것들을 반복하지 않도록 주님께 간절히 기도하오니 도와주옵소서.

하나님 아버지 ○○이가 자신을 더 용납하고 사랑할 수 있도록 도와주옵소서. 부모형제와 가족에게 걱정 끼치지 않도록 도와주시고 잘못된 습관을 하루속히 개선할 수 있도록 성령의 능력으로 새롭게 하옵소서. 사랑의 주님 우리 .○○이가 친구들과 친밀하고 원만한 관계를 유지하게 하시고 마음의 공허함을 함께 나누고 오히려 앞으로의 비전을 공유하게 도와주옵소서. 무엇보다 하나님의 충만한 사랑을 느낄 수 있게 해주시고 마음의 빈자리를 성령님이 채워주옵소서.

예수 그리스도의 이름으로 간절히 기도드립니다. 아멘.

수학능력 시험을 앞두고 기도합니다

> 나를 훈계하신 여호와를 송축할지라 밤마다 내 양심이 나를 교훈하도다 내가 여호와를 항상 내 앞에 모심이여 그가 나의 오른쪽에 계시므로 내가 흔들리지 아니하리로다
> **시편 16편 7-8절**

사랑의 하나님 아버지!

우리 ○○ 이가 그동안 기도하며 준비해 온 수학능력시험을 앞두고 기도드립니다. 지금까지 사랑으로 인도해주시고 건강을 지켜주신 하나님의 은혜에 감사드립니다. 고3 수험생으로써 일 년을 되돌아볼 때 자신이 더 열심히 하지 못하고 부족했던 모습만 생각나고 아쉬움이 많으리라 생각됩니다.

○○ 이가 시험을 준비하는 과정에서 게으르고 나태하며 실수하고 연약했던 모습이 있다면 그리스도의 보혈로 덮어주시고 용납하여 주옵소서.

부족하고 연약해도 우리 ○○ 이가 예수 그리스도의 은혜를 힘입어 주님의 보좌 앞에 담대히 나아가게 하옵소서. 하나님 아버지! 지혜와 명철과 총명을 주시고 고요하고 평안한 시험을 치르도록 도와주옵소서. 이제껏 배우고 익혀온 지식들이 적절히 생각나게 하셔서 시험문제를 풀 때에 잘 활용할 수 있게 하

시고 새로운 문제에는 응용력을 발휘하여 현명하게 해결할 수 있도록 도와주옵소서.

이번 수능시험을 통해 하나님 앞에 감사와 영광을 돌릴 수 있기를 기대하며 감사드립니다. 사랑의 주님 우리 ○○이가 수능시험을 통하여 좋은 경험을 하게하시며 인격적으로 성숙하게 하시고 더욱 성령 충만하며 지혜롭고 겸손하며 무엇보다 감사하는 자가 되기를 소망합니다. 수능시험뿐만 아니라 앞으로 평생에 치르게 될 많은 문제와 시험들이 있을 텐데 그때마다 하나님 앞에 겸손하게 무릎 꿇고 기도하는 믿음의 삶을 살기를 갈망하오니 ○○이의 일생을 주장하여 주옵소서.

사랑의 주님! 부족하고 연약한 우리에게 성령을 부어주셔서 이렇게 하나님을 의지하며 기도드릴 수 있도록 은혜 주심을 감사드립니다. 하나님께 감사함으로 아뢰오니 ○○이의 마음과 생각을 지켜주시고, 시험 당일의 모든 환경 또한 평안으로 주장하여 주셔서 더욱 큰 감사와 찬송 올려드릴 수 있도록 도와주옵소서.

길과 진리 되신 주님 끝까지 최선을 다하는 우리 ○○이가 되게 하시고 그의 손을 붙잡아주시고 권능의 팔로 안수하여 주옵소서.

수능시험을 치를 수 있는 기회를 주신 하나님께 거듭 감사드리오며 예수님의 거룩하신 이름으로 기도드립니다. 아멘.

수학능력 시험을
마치고 기도합니다

> 그를 높이라 그리하면 그가 너를 높이 들리라
> 만일 그를 품으면 그가 너를 영화롭게 하리라
> 그가 아름다운 관을 네 머리에 두겠고 영화로운
> 면류관을 네게 주리라 하셨느니라
> **잠언 4장 8-9절**

언제까지나 저희와 동행하시는 임마누엘의 하나님!

주의 인자하심과 성실하심을 경배하며 찬양 드립니다. 어제와 다른 오늘을 허락해 주신 하나님의 은혜에 감사한 마음을 올려드립니다. 우리 ○○이가 수학능력시험을 무사히 마치게 해주셔서 감사드립니다. 이제는 결과를 하나님의 손에 맡겨드리며 간절히 기도드립니다. 그동안 밤낮으로 땀 흘리며 공부하며 준비한 모든 것들이 좋은 결과를 얻을 수 있도록 도와주옵소서.

지금 이 순간 아쉬움과 감사의 마음이 교차하리라 생각합니다. ○○이의 생각보다 쉬웠던 부분도 있고 어려웠던 부분도 있을 것입니다. 무엇보다 무사히 시험을 마칠 수 있게 해주신 하나님께 감사드리며 이제 우리가 할 일은 기도밖에 없음을 고백 드립니다. 부디 저희가 얻을 수 있는 가장 좋은 결과를 얻게 되길 간구하오니 하나님 뜻에 합당하다면 우리가 목표했던 대학교 진학에 부족함이 없도록 합당한 점수를 허락해 주옵소서.

○○이가 대학에 진학하여 새로운 학문을 배우고 익힐 기회를 주실 것을 믿고 기도드립니다. 그렇지만 이 또한 주님의 은혜로만 가능한 일임을 다시금 깨닫고 간구 드립니다. 우리 ○○이가 하늘나라의 확장과, 민족과 이웃, 그리고 가족을 위해 건강하고 성실하게 일하고 공부할 기회를 열어주옵소서. 주님의 뜻이 ○○이의 마음과 그 인생 가운데 이루어지기를 간절히 갈망하오니 긍휼히 여기시고 도와주옵소서.

모든 것이 합력하여 선을 이루게 하시는 하나님께 수능시험의 결과를 내려놓습니다. ○○이에게 주어진 점수에 만족하고 감사할 수 있는 건강하고 겸손한 마음을 주옵소서.

수능시험 결과로 인하여 낙심하거나 교만해 지는 일 없게 하여 주시고 눈이 어두워 한치 앞을 보지 못하고 내일 일도 알지 못하는 미련한 저희들이 선악 간에 함부로 판단하지 않게 하여 주옵소서. 우리 ○○이가 지금부터 말씀을 가까이 하며 더욱 충만한 영성으로 기도에 힘쓸 수 있도록 도와주옵소서.

주님의 인자하심과 성실하심이 우리의 삶에 충만히 넘쳐나길 간절히 소망하며 예수 그리스도 이름으로 기도드립니다. 아멘.

수능시험 이후의 생활을 이끌어 주소서

> 너희는 택하신 족속이요 왕 같은 제사장들이요
> 거룩한 나라요 그의 소유가 된 백성이니 이는 너희를
> 어두운 데서 불러 내어 그의 기이한 빛에 들어가게
> 하신 이의 아름다운 덕을 선포하게 하려 하심이라
> **베드로전서 2장 9절**

어제나 오늘이나 영원토록 변함없이 사랑하신 주님 감사드립니다. 우리 ㅇㅇ 이가 어렵고 힘든 수능시험을 잘 마치게 하심을 감사합니다. 그 동안의 부담을 털어낸 홀가분함과 더 잘 준비하지 못한 것에 대한 후회와 반성의 마음이 교차하리라 믿습니다. 사랑의 주님! 간절히 기도하오니 결과가 어떻게 나오든지 ㅇㅇ 이를 붙드시고 자존감을 높여 주시길 소망합니다.

수능은 거쳐야하는 중요한 과정이지만 종착점이 아니라 출발점이고 지금부터 새롭게 또 다른 시작을 해야 함을 우리 ㅇㅇ 이가 잘 알게 하옵소서. 우선은 몸과 마음을 추스르고 여유를 가지고 편히 쉴 수 있도록 도와주옵소서. 신체리듬과 생활리듬을 회복하게 하시고 여행을 통해서도 새로운 가치를 배우고 주님의 솜씨를 맛보며 체험하게 하옵소서.

사랑의 주님! 고등부를 마치고 청년대학부로 신앙생활이 이어지지 못하고 교회를 떠나는 비율이 높아지고 있습니다. 신앙이 말씀위에 굳게 서지 못하고 흔들리는 개인의 책임이 있지만 신앙과 학업이 연계된 비전제시를 못해준 교회의 책임도 크다고 생각합니다. 긍휼이 많으신 주님 저희들의 잘못을 용서해주시고 말씀으로 저들을 바로 세울 수 있도록 도와주옵소서. 우리 ○○ 이에게 은혜를 부어주시고 굳건한 반석위에 신앙의 토대를 쌓게 하옵소서.

사랑의 주님! 거룩하신 성령의 능력으로 함께하여 주셔서 우리 ○○ 이가 공부의 목적을 바로 세우게 하시고 세속적인 대학과 직장문화에 빠져들지 않도록 붙잡아주옵소서. 사랑의 주님! ○○ 이 혼자서는 신앙으로 바로서기가 쉽지 않음을 알기에 좋은 믿음의 선배와 멘토를 만나게 해주시길 간구 드립니다. 다양한 영역에서 그 힘든 과정을 경험하고 이겨낸 믿음의 선배를 붙여주옵소서. 주안에서 서로에게 버팀목이 되게 하시고 올바른 신앙의 가치관을 정립하는데 큰 도움이 되게 하옵소서.

우리의 선한 목자이신 예수님의 이름으로 기도드립니다. 아멘.